5 INGREDIËNTEN
SNEL & SIMPEL KOKEN

Foodfotografie DAVID LOFTUS

Portretfotografie PAUL STUART & JAMIE OLIVER

Vormgeving JAMES VERITY van SUPERFANTASTIC

Opmaak MICHELANGELA, UTRECHT

KOSMOS

Kosmos Uitgevers, Utrecht/Antwerpen

OPGEDRAGEN AAN MIJN VIJF FAVORIETE INGREDIËNTEN

POPPY HONEY ROSIE 2002

DAISY BOO PAMELA 2003

PETAL BLOSSOM RAINBOW 2009

BUDDY BEAR MAURICE 2010

RIVER ROCKET BLUE DALLAS 2016

INHOUD

5 INGREDIËNTEN

In ***Snel & simpel koken*** draait alles om geniale combinaties van vijf ingrediënten die perfect bij elkaar passen en samen een waanzinnig resultaat opleveren. Maximale smaak met minimaal gedoe. Stuk voor stuk gerechten die je binnen 30 minuten op tafel zet of waarvan de voorbereiding maar 10 minuten vergt, waarna de oven of het fornuis de rest van het werk doet.

Ik wil dat iedereen gerechten vanaf de basis klaar kan maken, en met dit boek heb je geen excuus meer. Ik heb het zo eenvoudig mogelijk gemaakt om te gekke gerechten op tafel te zetten en elke dag van de week, ongeacht de gelegenheid, van vijf fantastische ingrediënten te genieten – van een vlugge doordeweekse hap tot een feestmaal voor vrienden in het weekend.

Het concept is vrij eenvoudig, maar achter de schermen vormen de structuur, slimme planning en filosofie van dit boek – naast het eindeloze testwerk – de sleutel tot het succes. Tijdens het bedenken van de recepten werd ik steeds enthousiaster om jullie te verrassen met briljante combinaties die iedereen zou moeten kennen. Dit boek gaat over *empowerment* en terug naar de basis. De recepten zijn kort, met aan de linkerkant een ingrediëntenlijstje met foto's en op de rechterbladzijde een prachtig beeld van het glorieuze, gastronomische eindresultaat.

Als je naar de ingrediënten kijkt, zie je dat ik geprobeerd heb op alle vlakken te scoren: fantastische eiwitten; geniale groentes om spannende salades te maken; stressvrije, zalige visgerechten; bescheiden pastaschotels; en tips om je rijst en noedels te pimpen. Plus een bonushoofdstuk met zalige zoetigheid, snelle toetjes en makkelijke koekjes voor bij de thee. Ik neem aan dat je een behoorlijke voorraadkast tot je beschikking hebt, maar in veel kookboeken zijn de lijstjes zo lang dat ik ze nu eens zo eenvoudig mogelijk gehouden heb met – je raadt het al – slechts vijf hoofdingrediënten per recept (zie blz. 10 voor details).

INSTANT INSPIRATIE & BOMVOL IDEEËN

BRILJANTE COMBINATIES

Met uitzondering van die in het zoete hoofdstuk is 70 procent van de recepten hartstikke gezond – en voor wie het wil weten, hebben we bij elk recept een tabel met voedingswaarden opgenomen. Niet elk recept levert een uitgebalanceerde maaltijd op: soms is het gewoon een briljante manier om een mooi stuk vlees of vis klaar te maken, een perfecte combi om een bepaalde groente in het zonnetje te zetten, een prachtige, frisse salade om aan je dagelijkse dosis groente en fruit te komen. Of gewoon een geweldige manier om andere elementen die je lekker vindt in je maaltijd op te nemen. Het gaat erom dat je over de hele week genomen goed uitgebalanceerd eet – op blz. 304 en 305 lees je hoe dat zit.

Voedselcontent wordt tegenwoordig op grote schaal gedeeld via Pinterest, Buzzfeed, YouTube, ouderwets van mond tot mond en alles daartussenin. Daarbij wordt een eindeloze stroom tips en trucs in gemakkelijk verteerbare, hapklare brokken opgediend, inclusief een massa spannende, visuele ondersteuning. Mijn bedoeling met dit boek is om al die dingen samen te voegen en betrouwbare, spannende recepten op basis van handige tips, trucs en technieken op een logische manier voor te schotelen. Ik kom meteen to the point en houd de boel supersimpel, zodat je dit boek snel kunt doorbladeren om instant ideeën op te doen. Ik hoop dat je er veel plezier aan zult beleven en dat je het de moeite waard vindt om te delen met familie, vrienden, studerende kinderen, noem maar op.

DUS, LIEVE MENSEN: VEEL KOOKPLEZIER EN DEEL JE GERECHTEN VOORAL OP INSTAGRAM. #QUICKANDEASYFOOD | #SNELENSIMPELKOKEN

DE 5-INGREDIËNTEN-VOORRAADKAST

Ik beperk me hier tot vijf producten die ik als dagelijkse basisingrediënten beschouw. Zonder deze items is koken gewoon niet mogelijk, en ik vind dan ook dat iedereen ze standaard in huis moet hebben. Hoewel mijn eigen voorraadkast tjokvol zit met van alles en nog wat, zijn dit vijf producten die in het hele boek terugkomen en die je voor vrijwel elk recept nodig hebt. Ze staan niet in de individuele ingrediëntenlijstjes omdat ik ervan uitga dat je goed voorbereid bent. Deze vijf helden zijn: **olijfolie** om in te bakken; **extra vergine olijfolie** voor dressings en om gerechten af te maken; **rodewijnazijn** als goede allrounder voor marinades, sauzen en dressing, en om gerechten een zuurtje te geven; natuurlijk **zeezout** en **zwarte peper**. Haal ze in huis en ga aan de slag!

KWALITEIT BOVEN KWANTITEIT

Het succes van recepten is volledig afhankelijk van de kwaliteit van de gebruikte ingrediënten. Dat geldt eigenlijk altijd in de keuken, maar vooral in dit boek. Ik hoop dan ook dat de korte boodschappenlijstjes voor deze recepten je extra stimuleren om alleen voor absolute topkwaliteit vlees, vis en groenten te gaan. Houd daarbij in gedachten dat seizoenproducten gezonder, lekkerder en goedkoper zijn.

Ingrediënten waarbij kwaliteit een flink smaakverschil kan opleveren, zijn onder andere chorizo, worstjes, bloedworst, gerookte zalm, tonijn uit blik, bonen en kikkererwten uit blik, tomaten uit blik, ijs en pure chocolade.

DE VRIEZER IS JE VRIEND

Veel van de recepten zijn voor twee personen, zodat je ze gemakkelijk kunt halveren of opschalen, maar met name stoofpotten zijn beter geschikt om in grotere hoeveelheden te maken – en wat je overhoudt kun je natuurlijk prima in porties invriezen. Laat eten voor het invriezen wel altijd goed afkoelen en verdeel het eventueel in kleinere porties om het afkoelingsproces te versnellen, zodat het binnen twee uur na het koken de vriezer in kan. Verpak alles luchtdicht – met name vlees en vis – en plak overal etiketten op. Laat eten voor gebruik in de koelkast ontdooien. In het algemeen geldt dat je ingevroren restjes die je hebt opgewarmd beter niet opnieuw kunt invriezen.

ZALIGE SAUSJES EN PASTA'S

Ik gebruik in dit boek een heleboel sausjes en pasta's, zoals mangochutney, currypasta, zwartebonensaus, teriyakisaus, misopasta en pesto. Allemaal dingen die tegenwoordig van topkwaliteit in de supermarkt verkrijgbaar zijn. Ze voegen veel smaak toe en besparen je een hoop tijd, kastruimte en afval. Ideaal voor snelle en makkelijke maaltijden, maar bedenk bij het inkopen wel dat alle waar naar zijn geld is.

GENIET VAN VERSE KRUIDEN

Kruiden zijn voor elke kok een geschenk uit de hemel en ik gebruik ze dan ook volop in dit boek. Maar waarom zou je ze kopen als je ze ook in eigen tuin of in bakken in de vensterbank kunt kweken? Kruiden vormen de basis van elk gerecht en zorgen er vaak voor dat je wat kunt minderen met zout – en dat is beter voor iedereen. Daarnaast zitten ze barstensvol belangrijke voedingsstoffen, en daar zijn we natuurlijk dol op.

VRIENDELIJK VLEES & EIEREN

Ik heb het al zo vaak gezegd, en ik blijf erbij: vlees moet je alleen eten als het afkomstig is van op-en-top gezonde dieren die in een stressvrije omgeving hebben mogen scharrelen. Voor mij is het meer dan logisch: wat we in ons mond stoppen moet een goed leven gehad hebben, wil het voor ons gezond zijn. Eigenlijk zouden we er allemaal naar moeten streven wat vaker puur plantaardige maaltijden met groenten, bonen en peulvruchten te eten en wat minder vaak – maar dan wel van een betere kwaliteit – vlees. Koop het liefst alleen nog biologisch, scharrel- of vrije-uitloopvlees en let erop dat rund- en lamsvlees altijd grasgevoerd is. Hetzelfde geldt voor eieren en producten waar eieren in zitten, zoals noedels en pasta – ga voor vrije uitloop of biologisch. Koop ook altijd biologische bouillon.

FOCUS OP VIS

Vis moet je altijd zo vers mogelijk kopen. Op het moment dat een verse vis in de winkel uit het ijs wordt gehaald, begint het aftakelingsproces. Neem dus altijd superverse vis en maak hem liefst nog dezelfde dag klaar; leg hem anders bij thuiskomst meteen in de vriezer. Maar je kunt ook topkwaliteit vis uit diepvries, blik of pot gebruiken. Kies wel voor duurzaam gevangen of geproduceerde vis – kijk of er een MSC-keurmerk op zit of vraag advies bij de viswinkel of de visafdeling van de supermarkt. Probeer daarnaast zo veel mogelijk te variëren en houd ook rekening met de seizoenen.

ZORGVULDIG MET ZUIVEL

Ik kan niet genoeg benadrukken dat je bij dagelijkse zuivelproducten, zoals melk, yoghurt en boter, altijd voor biologisch moet gaan. Wel iets duurder, maar dan hebben we het over centen en niet over euro's, dus dat gaat wat makkelijker dan met vlees. Je weet: elke keer dat je voor biologisch gaat, kies je voor een beter voedselsysteem.

IETS OVER KEUKENGEREI

Ik heb ook geprobeerd het benodigde keukengerei beperkt te houden – met een stel steelpannen en ovenvaste koekenpannen met antiaanbaklaag, een grillpan, een ondiepe braadpan, snijplanken, een stuk of wat stevige braadsledes, een redelijke messenset en een paar bakblikken voor het zoete hoofdstuk zit je goed. Met sommige items maak je het jezelf – om tijd te besparen – een stuk makkelijker: een dunschiller, blokrasp en vijzel zijn fantastisch om gerechten textuur en extra smaak te geven, en een keukenmachine is natuurlijk altijd top – vooral als je haast hebt! Wees zuinig op je spullen, houd je keuken netjes en ga lekker aan de slag.

SALADES

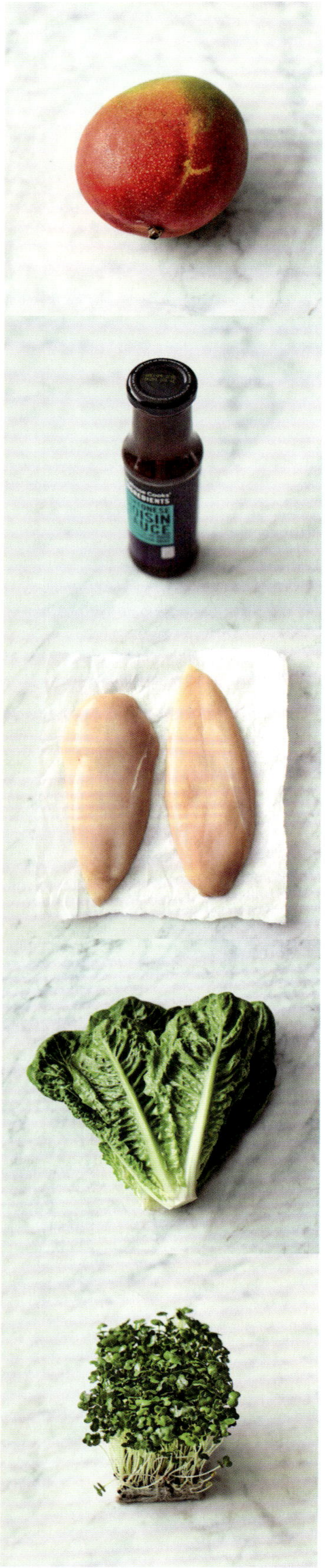

SLASCHUITJES MET KIP EN HOISIN

VOOR 2 PERSONEN | BEREIDINGSTIJD 17 MINUTEN

1 rijpe mango

2 el hoisinsaus

2 kipfilets van 120 g elk

1 krop romaine (bindsla) van 300 g

1 bakje tuinkers

Zet een grillpan op hoog vuur. Snijd de twee wangen van de mango, snijd ze in de lengte in drie repen en schil ze. Snijd het vruchtvlees in blokjes van 1 cm. Knijp de pit boven een kom uit, wrijf de laatste restjes vruchtvlees eraf, meng het sap met de hoisinsaus en verdeel de dressing over twee kleine potjes.

Sla de kipfilets met je vuist plat tot de stukken overal even dun zijn. Wrijf ze in met olijfolie en een snufje zeezout en zwarte peper en gril ze 2 tot 3 minuten aan elke kant, tot ze gaar zijn en er mooie zwarte streepjes op zitten. Trek intussen de slabladeren los, verdeel ze over twee borden en leg er een hoopje tuinkers naast.

Verdeel de blokjes mango over de borden en zet de potjes hoisindressing erbij. Snijd de kipfilets in plakjes, schik ze netjes op de borden en ga aan tafel. Gebruik de slabladeren als schuitjes om de boel naar binnen te werken.

CALORIEËN	VET	VERZ. VET	EIWIT	KOOLHYD.	SUIKER	ZOUT	VEZELS
289 kcal	9,6 g	1,8 g	31,3 g	20,3 g	19,2 g	1,3 g	2,5 g

SALADE VAN WORTEL & GRANEN

VOOR 2 PERSONEN | BEREIDINGSTIJD 18 MINUTEN

350 g verschillend gekleurde babywortels

1 granaatappel

1 grote bos munt (60 g)

250 g gemengde gekookte granen

40 g feta

Was de wortels en snijd grotere exemplaren in de lengte doormidden. Doe ze met 1 eetlepel olijfolie in een grote, koude koekenpan met antiaanbaklaag en strooi er een snufje zeezout en zwarte peper over. Zet de pan 15 minuten op matig hoog vuur en schep de wortels regelmatig om, tot ze goudbruin en zacht zijn. Snijd intussen de granaatappel doormidden, pers het sap van één helft door een zeef in een grote kom en roer er 1 eetlepel rodewijnazijn en 2 theelepels extra vergine olijfolie door. Hak de bovenste helft van de bos munt fijn (houd een paar mooie blaadjes apart), roer ze door de dressing, proef en breng hem op smaak.

Doe de wortels bij de dressing in de kom. Hussel de gemengde granen 1 minuut met een scheutje water in de hete pan om ze op te warmen. Kieper de granen bij de wortels in de kom, hussel ze goed en verdeel ze over de borden.

Houd de andere helft van de granaatappel met de snijkant omlaag boven de borden en sla met een lepel de pitjes eruit. Kruimel of rasp de feta erover, garneer de salades met de apart gehouden muntblaadjes en ga meteen aan tafel.

CALORIEËN	VET	VERZ. VET	EIWIT	KOOLHYD.	SUIKER	ZOUT	VEZELS
477 kcal	23,7 g	5,7 g	15,5 g	49,1 g	1,7 g	1,2 g	11,3 g

SOORT SALADE NIÇOISE

VOOR 2 PERSONEN | BEREIDINGSTIJD 18 MINUTEN

2 zalmfilets van 120 g elk, met huid, graten verwijderd

300 g sperziebonen

2 grote eieren

8 zwarte olijven (met pit)

2 volle el Griekse yoghurt

Leg de zalmfilets op de huid in een vergiet boven een pan kokend gezouten water en laat ze 8 minuten afgedekt stomen. Leg de sperziebonen netjes naast elkaar, snijd alleen de kant van de steeltjes eraf en kook ze 6 minuten in het water onder de zalm, of tot ze net gaar zijn en niet meer piepen. Leg de eieren heel voorzichtig bij de bonen in de pan en kook ze exact $5\frac{1}{2}$ minuut mee. Kneus intussen de olijven, verwijder de pitten en hak ze fijn. Roer de helft van de gehakte olijven met een scheutje rodewijnazijn door de yoghurt en voeg naar smaak zeezout en zwarte peper toe.

Leg de zalmfilets op een plank en laat de eieren en bonen uitlekken in de vergiet. Hussel de bonen door de dressing en verdeel ze over de borden. Laat de eieren onder de koude kraan schrikken tot ze voldoende afgekoeld zijn om beet te pakken, pel ze en snijd ze in vieren. Pluk de zalm in vlokken over de bonen, gooi de velletjes weg, leg de partjes ei erop en strooi de rest van de gehakte olijven erover. Maak de salades af met 1 theelepel extra vergine olijfolie en strooi er uit de hoogte een flinke snuf zwarte peper over.

CALORIEËN	VET	VERZ. VET	EIWIT	KOOLHYD.	SUIKER	ZOUT	VEZELS
398 kcal	24,7 g	6 g	38,3 g	6,5 g	5,2 g	0,7 g	3,3 g

POMPOENSALADE MET HARISSA

VOOR 4 PERSONEN | VOORBEREIDING 10 MINUTEN | KOOKTIJD 50 MINUTEN

1 flespompoen (1,2 kg)

1 volle el rozenharissa

2 rijpe avocado's

100 g gemengde sla

1 bol mozzarella van 125 g

Verwarm de oven voor tot 180 °C (gasovenstand 4). Snijd de pompoen met pitten en al in grove stukken van ongeveer 5 cm, leg ze in een braadslede en wrijf ze in met de harissa, 1 eetlepel olijfolie en een snufje zeezout en zwarte peper. Zet ze 50 minuten in de oven, tot ze zacht en prachtig goudbruin zijn.

Meng met nog een paar minuten te gaan 1 eetlepel (van elk) extra vergine olijfolie en rodewijnazijn met een snufje zeezout en zwarte peper in een grote kom. Snijd de avocado's doormidden, schil ze en verwijder de pit. Snijd het vruchtvlees in plakjes, doe ze met de slablaadjes bij de dressing in de kom en hussel ze voorzichtig. Trek de hete stukken pompoen (met schil en pitten) met twee vorken uit elkaar. Verdeel de pompoen over de borden, gevolgd door de aangemaakte avocado en sla en de in stukjes gescheurde mozzarella, en ga meteen aan tafel.

CALORIEËN	VET	VERZ. VET	EIWIT	KOOLHYD.	SUIKER	ZOUT	VEZELS
361 kcal	24,2 g	7,4 g	11,1 g	26,3 g	14,2 g	1,3 g	5,6 g

TUINBONENSALADE

VOOR 2 PERSONEN | BEREIDINGSTIJD MAAR 15 MINUTEN

200 g vers gedopte tuinbonen, of uit de vriezer

30 g hele amandelen

480 g ingelegde geroosterde rode paprika's uit een pot

½ bos verse bladpeterselie (15 g)

30 g manchego

Kook de tuinbonen 3 minuten in een pan gezouten kokend water, giet ze af en knijp grotere exemplaren uit hun jasje. Zet de amandelen in een droge koekenpan op matig vuur, schep ze regelmatig om tot ze licht goudbruin zijn en snijd ze in dunne plakjes.

Laat de paprika's uitlekken, klap ze open en rooster ze in een hete grillpan tot er zwarte streepjes op zitten; snijd ze dan in 1 cm brede reepjes. Snijd de peterseliesteeltjes fijn, pluk de blaadjes en hussel ze met de tuinbonen, reepjes paprika, 1½ eetlepel extra vergine olijfolie en 1 eetlepel (van elk) rodewijnazijn en inmaakvocht van de paprika's. Proef, breng op smaak met zeezout en zwarte peper en verdeel de salade over de borden.

Schaaf er met een dunschiller plakjes manchego over, sprenkel er 1 theelepel extra vergine olijfolie over, maak de salades af met de plakjes amandel en ga meteen aan tafel.

CALORIEËN	VET	VERZ. VET	EIWIT	KOOLHYD.	SUIKER	ZOUT	VEZELS
360 kcal	26,7 g	5,8 g	14,3 g	15,2 g	8 g	0,4 g	8,2 g

BORDJES GEROOKTE ZALM

VOOR 2 PERSONEN | BEREIDINGSTIJD MAAR 15 MINUTEN

1 kleine komkommer

6 takjes verse dille

100 g gerookte zalm

1 rijpe avocado

2 el hüttenkäse

Snijd de komkommer met een dunschiller in plakken en werk ze in een kom met een snufje zeezout en 2 eetlepels rodewijnazijn door elkaar om een vlugge pickle te maken. Pluk de dille en hussel het grootste deel erdoor.

Drapeer de plakjes gerookte zalm op de borden. Snijd de avocado doormidden, verwijder de pit en leg een helft op elk bord. Leg de plakken komkommer er op een luchtig hoopje naast en giet het inmaakvocht in de avocadohelften. Schep de hüttenkäse op de zalm, sprenkel er 1 theelepel extra vergine olijfolie over en strooi er uit de hoogte een snufje zwarte peper op. Pluk het laatste restje dille, strooi het erover en ga meteen aan tafel.

CALORIEËN	VET	VERZ. VET	EIWIT	KOOLHYD.	SUIKER	ZOUT	VEZELS
246 kcal	17,7 g	3,9 g	17,1 g	4,4 g	3,2 g	1,5 g	1,2 g

SALADE MET EENDENBORST & SINAASAPPEL

VOOR 2 PERSONEN | BEREIDINGSTIJD 24 MINUTEN

2 eendenborstfilets van 150 g elk, met vel

1 baguette

15 g ongezouten halve walnoten

3 gewone sinaasappels of bloedsinaasappels

30 g waterkers

Maak sneetjes in het vel van de eendenborsten, wrijf ze in met zeezout en zwarte peper en leg ze op het vel in een grote koekenpan met antiaanbaklaag op matig hoog vuur. Bak ze 5 minuten, tot het vel donker goudbruin is, keer ze om en bak de andere kant ook 5 minuten, of tot ze naar wens zijn. Leg de filets op een snijplank en laat de pan op het vuur staan.

Snijd 10 dunne sneetjes van de baguette (bewaar de rest voor een andere keer). Rooster de sneetjes brood met de halve walnoten in het eendenvet in de koekenpan tot ze goudbruin zijn en verdeel de broodjes over de borden. Snijd intussen de bovenste en onderste kapjes van de sinaasappels, schil de vruchten en snijd ze in dunne schijfjes (verwijder eventuele pitjes).

Snijd de eendenborsten in dunne plakjes, leg een plakje op elk broodje en leg de rest van de plakjes er losjes tussen. Leg de schijfjes sinaasappel op en tussen de broodjes. Maak de waterkers aan met het sap van de vleesplank en strooi de blaadjes over de broodjes. Rasp of kruimel de walnoten erover, strooi er uit de hoogte een snufje zeezout en zwarte peper op en ga meteen aan tafel.

CALORIEËN	VET	VERZ. VET	EIWIT	KOOLHYD.	SUIKER	ZOUT	VEZELS
600 kcal	20,5 g	4,5 g	49 g	54,8 g	26,9 g	1,5 g	6,1 g

WITTEBONENSALADE MET TONIJN

VOOR 2 PERSONEN | BEREIDINGSTIJD MAAR 15 MINUTEN

½ rode ui

1 bleekselderijhart

½ bos verse bladpeterselie (15 g)

330 g limabonen uit een pot

220 g tonijn in olijfolie uit een potje (speciaalzaak of grotere supermarkt)

Pel de rode ui, snijd hem in zo dun mogelijke ringen en werk die met ½ eetlepel rodewijnazijn en een klein snufje zeezout door elkaar in een kom. Maak het bleekselderijhart schoon, snijd de stelen in dunne plakjes en strooi ze over de uienringen. Snijd de peterseliesteeltjes fijn en strooi ze in de kom. Pluk de blaadjes en strooi ze erover.

Giet de bonen af en spreid ze in een enkele laag uit over de bodem van een hete koekenpan met antiaanbaklaag. Sprenkel er 1 theelepel olijfolie over. Vertrouw me: laat ze gewoon zachtjes bakken tot ze aan de onderkant goudbruin zijn, keer ze om en bak de andere kant ook lekker krokant.

Sprenkel 1 eetlepel (van elk) extra vergine olijfolie en rodewijnazijn over de salade. Laat de tonijn uitlekken, trek hem in vlokken, doe die in de kom en hussel alles goed. Verdeel de gebakken bonen over de borden, schep de salade erop en strooi er uit de hoogte een snufje zeezout en zwarte peper over. Aan tafel!

CALORIEËN	VET	VERZ. VET	EIWIT	KOOLHYD.	SUIKER	ZOUT	VEZELS
362 kcal	15,7 g	2,2 g	36,3 g	19,3 g	4,3 g	1,5 g	6,1 g

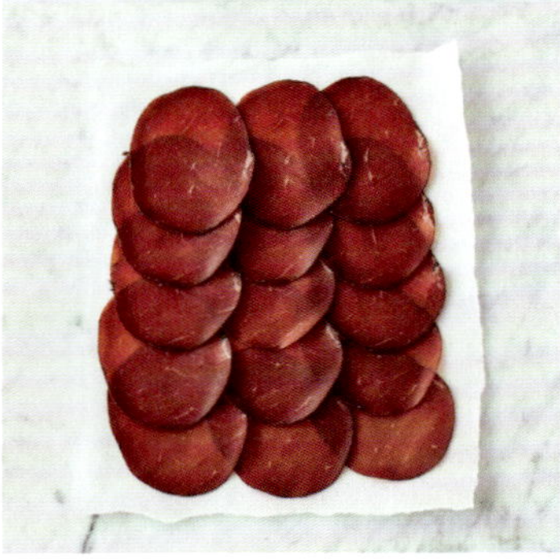

RUNDVLEES, BIETJES & MIERIKSWORTEL

VOOR 2 PERSONEN | BEREIDINGSTIJD MAAR 14 MINUTEN

160 g (verschillend gekleurde) rauwe babybietjes

3 volle tl mierikswortelcrème

3 volle tl crème fraîche light

50 g waterkers

40 g flinterdun gesneden bresaola

Schrob de bietjes, houd de mooie blaadjes apart en snijd de bietjes met een scherp mes of een juliennemes op een mandoline (met beschermkapje!) in dunne luciferreepjes. Maak de bietjes aan met ½ theelepel (van elk) extra vergine olijfolie en rodewijnazijn, de mierikswortelcrème en crème fraîche, en voeg naar smaak zeezout en zwarte peper toe. Hussel ten slotte met veel gevoel de waterkers en apart gehouden blaadjes van de bieten erdoor.

Verdeel de plakjes bresaola en de bietensalade over twee borden, sprenkel er 1 theelepel extra vergine olijfolie over en ga meteen aan tafel.

CALORIEËN	VET	VERZ. VET	EIWIT	KOOLHYD.	SUIKER	ZOUT	VEZELS
154 kcal	8,6 g	2,9 g	11,1 g	8,5 g	7,3 g	0,8 g	2,4 g

WILDE RIJST MET SNIJBIET & KERSEN

VOOR 2 PERSONEN | BEREIDINGSTIJD 28 MINUTEN

150 g gemengde wilde rijst

200 g verschillend gekleurde snijbiet

60 g gedroogde zure kersen

20 g ongezouten halve walnoten

40 g feta

Kook de rijst volgens de aanwijzingen op de verpakking in een pan gezouten water. Snijd de stelen van de snijbiet, leg ze in een vergiet, strooi de blaadjes erover, stoom ze 3 minuten boven de pan rijst en zet ze opzij. Hak intussen de gedroogde kersen en meng ze in een grote kom met 1 eetlepel (van elk) rodewijnazijn, kookwater van de rijst en extra vergine olijfolie. Snijd de walnoten en stelen van de snijbiet in dunne plakjes en scheur de blaadjes.

Giet de rijst goed af, doe hem met alle snijbiet bij de dressing in de kom en verkruimel de feta erover. Hussel alles goed, proef en voeg naar smaak zeezout en zwarte peper toe. Schep de borden vol en strooi de plakjes walnoot erover.

CALORIEËN	VET	VERZ. VET	EIWIT	KOOLHYD.	SUIKER	ZOUT	VEZELS
548 kcal	17,9 g	4,6 g	16 g	84,3 g	24,7 g	1,1 g	3,4 g

KROKANTE GEROOKTE MAKREEL

VOOR 2 PERSONEN | BEREIDINGSTIJD MAAR 10 MINUTEN

2 x 70 g gerookte-makreelfilet

300 g vacuümverpakte bieten

50 g waterkers

2 tl mierikswortelcrème (of verse, als je wilt)

2 el yoghurt

Kerf het vel van de makreelfilets met een scherp mes in, waarbij je een tussenruimte van 1 cm aanhoudt. Leg ze op het vel in een koekenpan met antiaanbaklaag op matig vuur tot ze prachtig goudbruin en superkrokant zijn. Laat intussen de bieten uitlekken en vang het sap op. Snijd de bieten in dunne plakjes – ik gebruik het liefst mijn kartelmes –, verdeel ze over de borden en strooi de waterkers erover.

Roer de mierikswortel door de yoghurt, proef en voeg naar smaak zeezout en zwarte peper toe. Leg de krokante makreelfilets op de salades en schep de mierikswortelyoghurt er in kloddertjes omheen. Meng het bietensap met 1 eetlepel extra vergine olijfolie en sprenkel dit over de vis en salade. Eet smakelijk!

CALORIEËN	VET	VERZ. VET	EIWIT	KOOLHYD.	SUIKER	ZOUT	VEZELS
352 kcal	24,7 g	5,1 g	18 g	14,2 g	13,3 g	1,5 g	3,2 g

ZALIGE WARME LINZENSALADE

VOOR 4 PERSONEN | BEREIDINGSTIJD MAAR 13 MINUTEN

1 blikje (50 g) ansjovisfilets in olie

1 ingelegde citroen (20 g)

400 g bimi

1-2 verschillend gekleurde verse chilipepers

500 g gekookte linzen

Doe de ansjovisfilets met de olie, 1 eetlepel van het vocht uit de pot ingelegde citroenen en een scheutje water in een blender en mix er een gladde dressing van. Verdun de dressing zo nodig met een extra scheutje water.

Maak de bimi schoon en blancheer de steeltjes 3 minuten in een grote pan gezouten kokend water, of tot ze beetgaar zijn. Snijd intussen de ingelegde citroen in partjes, verwijder het vruchtvlees met de pitjes en hak de schillen fijn. Snijd de pepers in dunne ringetjes. Laat de bimi uitlekken, doe de steeltjes terug in de pan en hussel ze op het vuur met de citroen, het grootste deel van de pepers en 1 eetlepel extra vergine olijfolie. Doe de linzen erbij en bak alles al omscheppend 2 minuten. Verdeel het mengsel over de borden, sprenkel de ansjovisdressing erover en bestrooi met de laatste pepers. Maak de salades af met ½ eetlepel extra vergine olijfolie.

CALORIEËN	VET	VERZ. VET	EIWIT	KOOLHYD.	SUIKER	ZOUT	VEZELS
200 kcal	7,6 g	1,5 g	13,6 g	19,6 g	3,6 g	1,3 g	10,8 g

WORTELSALADE MET TAHIN

VOOR 2-4 PERSONEN | BEREIDINGSTIJD 20 MINUTEN

2 volle el gemengde pitten en zaden

½ teen knoflook

1 citroen

300 g verschillend gekleurde wortels

2 knapperige handappels

Rooster de pitten en zaden in een droge koekenpan met antiaanbaklaag op matig vuur al omscheppend tot ze goudbruin zijn. Doe driekwart van de pitten en zaden met een snufje zeezout in een vijzel en wrijf er een vrij fijn poeder van. Pel de halve teen knoflook, doe hem bij het poeder in de vijzel en wrijf er een pasta van. Pers het citroensap erbij en meng er 1 eetlepel extra vergine olijfolie en een drupje rodewijnazijn door om er een zalige, tahinachtige dressing van te maken.

Was de wortels en snijd ze met een scherp mes of het juliennemes van een mandoline (met beschermkapje!) in dunne luciferreepjes. Verwijder de klokhuizen uit de appels, snijd de vruchten op dezelfde manier als de wortels en hussel beide door de dressing. Proef, voeg naar smaak zeezout en zwarte peper toe en strooi de rest van de pitten en zaden erover.

CALORIEËN	VET	VERZ. VET	EIWIT	KOOLHYD.	SUIKER	ZOUT	VEZELS
263 kcal	15,6 g	2,4 g	4,5 g	27,9 g	25,4 g	0,6 g	8 g

WATERMELOENSALADE MET RADIJS & FETA

VOOR 2 PERSONEN | BEREIDINGSTIJD 18 MINUTEN

2 el pijnboompitten

400 g watermeloen

200 g radijsjes, liefst met blaadjes

4 takjes verse munt

50 g feta

Rooster de pijnboompitten in een droge koekenpan met antiaanbaklaag op matig vuur al omscheppend 1 minuut, of tot ze licht goudbruin zijn, en schep ze uit de pan. Schil de watermeloen, pulk er zo veel mogelijk pitten uit en snijd het vruchtvlees in zo dun mogelijke plakjes. Snijd de radijsjes ook flinterdun en laat eventuele mooie blaadjes zitten. Maak de plakjes meloen en radijs heel voorzichtig aan met 1 eetlepel extra vergine olijfolie en 2 eetlepels rodewijnazijn, proef en voeg naar smaak zeezout en zwarte peper toe.

Leg de plakjes watermeloen en radijs op individuele borden of op een schaal en strooi de pijnboompitten erover. Pluk de muntblaadjes en strooi ze eroverheen. Verkruimel de feta erboven en strooi er uit de hoogte een snufje zwarte peper op.

CALORIEËN	VET	VERZ. VET	EIWIT	KOOLHYD.	SUIKER	ZOUT	VEZELS
262 kcal	18,7 g	5 g	7,1 g	17 g	16,9 g	0,7 g	0 g

KNOLSELDERIJSALADE MET PROSCIUTTO

VOOR 2 PERSONEN | BEREIDINGSTIJD MAAR 10 MINUTEN

200 g knolselderij

2 tl grove mosterd

2 volle el Griekse yoghurt

½ bos verse dragon (15 g)

4 plakjes prosciutto

Schil de selderijknol en snijd hem met een scherp mes, het juliennemes van een mandoline (met beschermkapje!) of op een blokrasp in dunne luciferreepjes.

Maak de sliertjes in een grote kom aan met de mosterd, yoghurt en 1 eetlepel (van elk) extra vergine olijfolie en rodewijnazijn. Schep alles goed om. Pluk de dragonblaadjes, strooi ze erover, meng alles goed, proef en breng op smaak met zeezout en zwarte peper. Verdeel de salade over twee borden en leg de plakjes prosciutto er losjes omheen. Sprenkel er 1 theelepel extra vergine olijfolie over en strooi er uit de hoogte een snufje zwarte peper op.

CALORIEËN	VET	VERZ. VET	EIWIT	KOOLHYD.	SUIKER	ZOUT	VEZELS
192 kcal	14,4 g	3,7 g	10,9 g	4,8 g	3,8 g	1,5 g	3,7 g

ZOETE-AARDAPPELSALADE

VOOR 2 PERSONEN | VOORBEREIDING 9 MINUTEN | 1 UUR IN DE OVEN

2 grote zoete aardappels van 300 g elk

500 g rijpe, verschillend gekleurde tomaten

4 lente-uitjes

50 g rucola

40 g feta

Verwarm de oven voor tot 180 °C (gasovenstand 4). Schrob de zoete aardappels, leg ze in een braadslede en zet ze 1 uur in de oven, tot ze door en door zacht zijn.

Snijd de tomaten wanneer de aardappels klaar zijn in grove stukjes en de schoongemaakte lente-uitjes in dunne ringetjes. Hussel ze met 1 eetlepel extra vergine olijfolie en een scheutje rodewijnazijn. Proef en breng op smaak met zeezout en zwarte peper.

Scheur de zachte zoete aardappels in stukjes en verdeel ze over twee borden. Hussel de rucola door de tomaten en verdeel dit mengsel over de zoete aardappel. Verkruimel de feta erover, besprenkel met 1 theelepel extra vergine olijfolie en strooi er uit de hoogte een snufje zwarte peper op.

CALORIEËN	VET	VERZ. VET	EIWIT	KOOLHYD.	SUIKER	ZOUT	VEZELS
429 kcal	13,2 g	4,4 g	9,8 g	72,5 g	25,7 g	1,1 g	3,2 g

BOERENKOOLSALADE MET NOOTJES

VOOR 2 PERSONEN | BEREIDINGSTIJD MAAR 14 MINUTEN

20 g blanke hazelnoten

200 g (verschillend gekleurde) boerenkool

60 ml karnemelk

30 g parmezaan

1 citroen

Rooster de hazelnoten in een droge koekenpan met antiaanbaklaag op matig vuur al omscheppend tot ze licht goudbruin zijn. Kieper ze op een snijplank, druk er een paar plat en snijd de rest in plakjes.

Breek de harde steeltjes van de boerenkoolblaadjes en gooi ze weg. Rol de blaadjes strak op, snijd ze in smalle reepjes en strooi ze in een grote kom. Sprenkel er 2 eetlepels extra vergine olijfolie over en voeg de karnemelk en de helft van de hazelnoten toe. Rasp de helft van de parmezaan en alle citroenschil erover, pers de helft van het citroensap erbij en werk de dressing en blaadjes goed door elkaar om ze zacht te maken. Proef en breng de salade op smaak met zeezout, zwarte peper en eventueel nog een kneepje citroensap.

Schep de borden vol, rasp de rest van de parmezaan erover, bestrooi met de rest van de hazelnoten en maak de beide salades af met 1 theelepel extra vergine olijfolie.

CALORIEËN	VET	VERZ. VET	EIWIT	KOOLHYD.	SUIKER	ZOUT	VEZELS
292 kcal	25,8 g	3,5 g	11,3 g	3,9 g	3,6 g	0,4 g	0,7 g

PASTA

SUPERGROENE SPAGHETTI

VOOR 2 PERSONEN | BEREIDINGSTIJD MAAR 13 MINUTEN

150 g spaghetti

4 tenen knoflook

200 g cavolo nero

30 g parmezaan

30 g ricotta

Kook de pasta volgens de aanwijzingen op de verpakking in gezouten kokend water. Pel intussen de tenen knoflook, verwijder de steeltjes van de cavolo nero en kook de cavolo nero en knoflook 5 minuten met de pasta mee. Doe 1½ eetlepel extra vergine olijfolie in een blender en rasp de parmezaan erbij. Schep de hete cavolo nero en knoflook met een keukentang in de blender en laat de machine een paar minuten draaien tot je een superfijn mengsel hebt. Proef en breng de saus op smaak met zeezout en zwarte peper.

Giet de pasta af en vang daarbij een kopje van het kookwater op. Kieper de spaghetti terug in de pan, hussel de felgroene saus erdoor, giet er zo nodig een scheutje van het kookwater bij en verdeel de pasta over de borden. Schep er kloddertjes ricotta op, sprenkel er een klein beetje extra vergine olijfolie over en ga meteen aan tafel.

CALORIEËN	VET	VERZ. VET	EIWIT	KOOLHYD.	SUIKER	ZOUT	VEZELS
456 kcal	17,3 g	5,5 g	18,4 g	60,5 g	3,7 g	0,9 g	2,6 g

GEMAKKELIJKE CARBONARA MET WORST

VOOR 2 PERSONEN | BEREIDINGSTIJD MAAR 15 MINUTEN

150 g tagliatelle

3 worstjes

½ bos verse bladpeterselie (15 g)

1 groot ei

30 g parmezaan

Kook de pasta volgens de aanwijzingen op de verpakking in gezouten kokend water, giet af en vang een kopje van het kookwater op. Knijp het vlees van de worstjes intussen uit de velletjes en draai er met vochtige handen achttien balletjes van gelijke grootte van. Rol de balletjes door zwarte peper en bak ze met ½ eetlepel olijfolie in een koekenpan met antiaanbaklaag op matig vuur tot ze rondom goudbruin en gaar zijn. Zet het vuur uit.

Hak het bosje peterselie met steeltjes en al fijn, klop het met het ei en een scheutje van het pastakookwater door elkaar, rasp het grootste deel van de parmezaan erbij en roer goed.

Hussel de pasta door de balletjes in de pan, giet het eimengsel erbij en blijf de boel 1 minuut omscheppen (de restwarmte zorgt ervoor dat het ei heel langzaam gaart). Maak de carbonara aan met een flinke scheut van het pastakookwater, breng hem op smaak met zeezout en zwarte peper en rasp de rest van de parmezaan erover.

CALORIEËN	VET	VERZ. VET	EIWIT	KOOLHYD.	SUIKER	ZOUT	VEZELS
633 kcal	30,6 g	10,8 g	33,6 g	59,3 g	3,1 g	1,7 g	2,6 g

SPAGHETTI MET KRAB & VENKEL

VOOR 2 PERSONEN | BEREIDINGSTIJD 18 MINUTEN

1 venkelknol

150 g spaghetti

1 verse rode peper

160 g rijpe, verschillend gekleurde kerstomaatjes

160 g gemengd bruin en wit krabvlees (vraag het je vishandelaar)

Zet een grote koekenpan met antiaanbaklaag op matig laag vuur. Maak de venkelknol schoon, houd het loof apart, snijd de knol doormidden en vervolgens in dunne plakjes. Doe de plakjes met 1 eetlepel olijfolie in de pan en bak ze 5 minuten afgedekt. Kook de spaghetti intussen volgens de aanwijzingen op de verpakking in gezouten kokend water, giet de pasta af en vang een kopje van het kookwater op.

Haal de zaadjes uit de peper, snijd hem in dunne ringetjes, strooi ze bij de plakjes venkel in de pan en blijf regelmatig roeren tot ze lekker zacht en kleverig zijn. Snijd de tomaatjes doormidden, hussel ze 2 minuten in de pan, roer beide soorten krabvlees erdoor en doe er 1 minuut later de pasta bij. Giet er om het lekker smeuïg te maken zo nodig een scheut van het kookwater bij, voeg naar smaak zeezout en zwarte peper toe, strooi het apart gehouden venkelloof erover en besprenkel met 1 theelepel extra vergine olijfolie. Eet smakelijk!

CALORIEËN	VET	VERZ. VET	EIWIT	KOOLHYD.	SUIKER	ZOUT	VEZELS
464 kcal	13,2 g	2,6 g	26,1 g	63,9 g	8,6 g	1,1 g	3,5 g

PENNE ARRABBIATA MET AUBERGINE

VOOR 4 PERSONEN | BEREIDINGSTIJD 28 MINUTEN

12 verse, verschillend gekleurde pepers

2 aubergines (500 g in totaal)

300 g volkoren penne

4 tenen knoflook

1 blikje (400 g) gepelde tomaten

Snijd voor een vlugge chiliolie om te beginnen de pepers in de lengte doormidden en verwijder de zaadjes. Vul een schoon, hittebestendig potje met olijfolie, giet de olie in een koekenpan met antiaanbaklaag op matig laag vuur en konfijt de pepers. Breng intussen in een pan gezouten water aan de kook voor de pasta. Snijd de aubergines in de lengte doormidden, blancheer ze 5 minuten afgedekt in dit water, schep ze uit de pan en houd het water aan de kook. Schep de zachte pepers in het potje en giet de hete olie er op 2 eetlepels na bij (bewaar de rest van de chiliolie om andere gerechten extra pit te geven). Snijd de aubergines in stukjes van 3 cm, doe ze met een snufje zeezout en zwarte peper in de pan, zet het vuur hoog en roer regelmatig.

Kook de pasta volgens de aanwijzingen op de verpakking. Pel intussen de tenen knoflook, snijd ze in dunne plakjes en bak ze 2 minuten met de stukjes aubergine mee. Doe de tomaten erbij, druk ze met een houten lepel stuk en giet een half blikje water in de pan. Voeg zo veel pepers toe als je durft, laat de saus pruttelen tot de pasta gaar is, proef en breng hem op smaak met zeezout en zwarte peper. Giet de pasta af, vang een kopje van het kookwater op, hussel de pasta door de saus en giet er zo nodig een scheutje van het kookwater bij.

CALORIEËN	VET	VERZ. VET	EIWIT	KOOLHYD.	SUIKER	ZOUT	VEZELS
346 kcal	9 g	1,4 g	12,8 g	57,3 g	9,5 g	0,3 g	7,1 g

PASTA MET WARMGEROOKTE ZALM

VOOR 4 PERSONEN | BEREIDINGSTIJD MAAR 12 MINUTEN

350 g groene asperges

300 g taglierini of engelenhaarpasta

250 g warmgerookte zalm, zonder huid

1 citroen

100 ml crème fraîche light

Snijd de bovenste, zachte helft van de asperges met een dunschiller in linten. Verwijder het houtachtige uiteinde en snijd de stelen in dunne plakjes. Kook de pasta volgens de aanwijzingen op de verpakking in gezouten kokend water, giet af en vang een kopje van het kookwater op. Trek de zalm intussen in grove vlokken en bak ze in een grote koekenpan met antiaanbaklaag op matig hoog vuur. Doe de plakjes asperge erbij en blijf ze regelmatig omscheppen tot de pasta gaar is.

Rasp de citroenschil over de zalm, pers de helft van het citroensap erbij en hussel de pasta, een scheutje van het kookwater en de crème fraîche erdoor. Doe de aspergelinten erbij, hussel alles nog even goed en breng op smaak met zeezout en zwarte peper. Geef er partjes citroen bij om erover uit te knijpen.

CALORIEËN	VET	VERZ. VET	EIWIT	KOOLHYD.	SUIKER	ZOUT	VEZELS
435 kcal	11,1 g	4 g	28,1 g	59,3 g	5,8 g	1,4 g	2,2 g

SICILIAANSE PASTA MET TONIJN

VOOR 4 PERSONEN | BEREIDINGSTIJD MAAR 14 MINUTEN

300 g pastaschelpjes

4 volle tl kappertjes

500 g rijpe, verschillend gekleurde kerstomaatjes

1 el gedroogde oregano, liefst de bloeiende soort

220 g tonijn in olijfolie uit een potje (speciaalzaak of grotere supermarkt)

Kook de pasta volgens de aanwijzingen op de verpakking in gezouten kokend water. Zet intussen een grote koekenpan met antiaanbaklaag met 1 eetlepel olijfolie op matig hoog vuur. Doe de kappertjes erbij, bak ze superkrokant en schep ze op een schaaltje zodat de geurige olie in de pan achterblijft. Snijd de tomaatjes doormidden, doe ze in de pan en strooi het grootste deel van de oregano erover. Laat de tonijn uitlekken, trek de vis in vlokken, doe ze met 2 soeplepels van het pastakookwater bij de tomaatjes en laat de saus pruttelen tot de pasta gaar is.

Giet de pasta af en vang een kopje van het kookwater op. Hussel de pasta door de saus en voeg zo nodig een scheutje van het kookwater toe. Proef, breng de pasta op smaak met zeezout en zwarte peper en schep de borden vol. Garneer de porties met krokante kappertjes, strooi uit de hoogte de rest van de oregano erop, sprenkel er 1 theelepel extra vergine olijfolie over en ga aan tafel.

CALORIEËN	VET	VERZ. VET	EIWIT	KOOLHYD.	SUIKER	ZOUT	VEZELS
411 kcal	9,6 g	1,3 g	24,3 g	60,7 g	6,2 g	1,1 g	3,4 g

LINGUINE MET COURGETTE EN CITROEN

VOOR 2 PERSONEN | BEREIDINGSTIJD MAAR 15 MINUTEN

150 g linguine

2 verschillend gekleurde courgettes

½ bos verse munt (15 g)

30 g parmezaan

1 citroen

Kook de pasta volgens de aanwijzingen op de verpakking in gezouten kokend water, giet af en vang een kopje van het kookwater op. Snijd de courgettes intussen in de lengte in plakjes en vervolgens met een scherp mes of een julienemes op een mandoline (met beschermkapje!) in lange sliertjes. Zet een grote koekenpan met antiaanbaklaag met 1 eetlepel olijfolie op matig hoog vuur, doe de sliertjes courgette erbij en blijf 4 minuten regelmatig roeren. Snijd intussen de muntblaadjes fijn en roer ze erdoor.

Hussel de uitgelekte pasta met een scheutje van het kookwater door de courgette. Rasp er het grootste deel van de parmezaan en een klein beetje citroenschil over, pers alle citroensap erbij, hussel de boel goed en breng de pasta op smaak met zeezout en zwarte peper. Schep de borden vol, rasp de rest van de parmezaan erover, besprenkel met 1 theelepel extra vergine olijfolie en ga meteen aan tafel.

CALORIEËN	VET	VERZ. VET	EIWIT	KOOLHYD.	SUIKER	ZOUT	VEZELS
430 kcal	14,5 g	4,4 g	18,4 g	60 g	6,3 g	0,8 g	2,2 g

PASTA MET PADDENSTOELEN EN KNOFLOOK

VOOR 2 PERSONEN | BEREIDINGSTIJD 16 MINUTEN

150 g trofie of fusilli

2 tenen knoflook

250 g gemengde paddenstoelen

25 g parmezaan

2 volle el crème fraîche light

Kook de pasta volgens de aanwijzingen op de verpakking in gezouten kokend water, giet af en vang een kopje van het kookwater op. Pel intussen de tenen knoflook en snijd ze in dunne plakjes. Bak de plakjes knoflook in een koekenpan met antiaanbaklaag met ½ eetlepel olijfolie op matig hoog vuur en doe 1 minuut later de paddenstoelen erbij (scheur grotere exemplaren doormidden). Voeg zeezout en zwarte peper naar smaak toe en bak de paddenstoelen 8 minuten onder regelmatig omscheppen, tot ze goudbruin zijn.

Hussel de uitgelekte pasta met een scheutje van het kookwater door de paddenstoelen. Rasp het grootste deel van de parmezaan erbij en roer de crème fraîche erdoor. Proef, breng de pasta op smaak met zeezout en zwarte peper, schep de borden vol en rasp de rest van de parmezaan erover.

CALORIEËN	VET	VERZ. VET	EIWIT	KOOLHYD.	SUIKER	ZOUT	VEZELS
402 kcal	13 g	5,7 g	16,8 g	58,1 g	3,7 g	0,8 g	3,6 g

PASTA VONGOLE MET SPICY 'NDUJA

VOOR 2 PERSONEN | BEREIDINGSTIJD MAAR 15 MINUTEN

150 g linguine

500 g vongole, geschrobd

20 g 'nduja (vraag het je slager)

½ bos verse bladpeterselie (15 g)

100 ml lichte rosé

Kook de pasta volgens de aanwijzingen op de verpakking in gezouten kokend water, maar giet hem 1 minuut eerder dan aangegeven af. Vang een kopje van het kookwater op. Controleer intussen de vongole en geef open exemplaren een tik – als ze dan niet dichtgaan moet je ze weggooien. Trek de 'nduja in stukjes in een grote, koude koekenpan met antiaanbaklaag, giet er 1 eetlepel olijfolie bij, zet de pan op matig vuur en laat de 'nduja smelten terwijl je de peterselie (met steeltjes en al) fijnhakt. Roer het grootste deel van de peterselie met de vongole en rosé door de gesmolten worst en leg een deksel op de pan. Als het goed is gaan de schelpjes na 3 of 4 minuten open – blijf de pan regelmatig schudden, neem hem van het vuur en gooi schelpen die na die tijd nog steeds dicht zijn weg.

Hussel de uitgelekte pasta met een scheutje van het kookwater door de schelpen en laat de pan nog 1 minuut op het vuur staan. Maak de pasta zo nodig op smaak met zeezout en zwarte peper. Schep de borden vol, sprenkel er een beetje extra vergine olijfolie over, bestrooi met de rest van de peterselie en ga meteen aan tafel.

CALORIEËN	VET	VERZ. VET	EIWIT	KOOLHYD.	SUIKER	ZOUT	VEZELS
556 kcal	12,5 g	2,1 g	41,9 g	62,5 g	2,9 g	0,6 g	2,2 g

PASTA MET GEHAKT EN EEKHOORNTJESBROOD

VOOR 4 PERSONEN | BEREIDINGSTIJD 27 MINUTEN

30 g gedroogd eekhoorntjesbrood

300 g gehakt van varkensschouder

1 ui

300 g volkoren penne

50 g parmezaan

Week het eekhoorntjesbrood in een kommetje met 400 ml kokend water. Doe het gehakt met 1 eetlepel olijfolie in een grote, ondiepe braadpan op hoog vuur en bak het al roerend tot het bruin en rul is. Pel intussen de ui en hak hem fijn. Hak het eekhoorntjesbrood ook fijn en bewaar het weekvocht.

Roer de fijngehakte ui en stukjes eekhoorntjesbrood door het gehakt en bak het mengsel 10 minuten, tot het goudbruin is. Voeg 1 eetlepel rodewijnazijn en het weekvocht van het eekhoorntjesbrood (zonder het gruis) toe en laat de saus 10 minuten op laag vuur pruttelen. Kook intussen de pasta volgens de aanwijzingen op de verpakking in gezouten kokend water, giet af en vang een flinke kop van het kookwater op.

Hussel de uitgelekte penne met 250 ml van het kookwater door de saus, rasp het grootste deel van de parmezaan erover, proef en breng de pasta op smaak met zeezout en zwarte peper. Hussel de hele boel nog 2 minuten op laag vuur om de saus goed te emulgeren en schep de borden vol. Rasp de rest van de parmezaan erover, besprenkel met een beetje extra vergine olijfolie en smullen maar.

CALORIEËN	VET	VERZ. VET	EIWIT	KOOLHYD.	SUIKER	ZOUT	VEZELS
524 kcal	21,2 g	7,2 g	30,8 g	55,9 g	6,1 g	0,6 g	8,5 g

FARFALLE MET PEER & GORGONZOLA

VOOR 2 PERSONEN | BEREIDINGSTIJD MAAR 15 MINUTEN

150 g farfalle

75 g gorgonzola

½ krop radicchio of 2 stronkjes roodlof

2 superrijpe peren

30 g ongezouten halve walnoten

Kook de pasta volgens de aanwijzingen op de verpakking in een middelgrote pan gezouten water, giet af en vang een kopje van het kookwater op. Doe de kaas in een hittebestendige kom op de pastapan en haal de kom er voorzichtig af zodra de kaas gesmolten is.

Snijd de radicchio in 1 cm dikke plakken en bak ze 5 minuten in een grote koekenpan met antiaanbaklaag op hoog vuur; keer ze halverwege een keer om. Schil de peren met een dunschiller, snijd ze in kwarten, verwijder de klokhuizen en snijd ze in de lengte in dunne plakjes. Hussel de plakjes door de radicchio, verkruimel het grootste deel van de walnoten erover en giet er een scheutje van het kookwater bij. Zet het vuur op halfhoog, leg een deksel op de pan en laat de boel een klein beetje karamelliseren.

Hussel de uitgelekte pasta en gesmolten gorgonzola met een scheutje rodewijnazijn en zo nodig een scheutje van het kookwater door het mengsel in de pan. Proef, voeg naar smaak zeezout en zwarte peper toe, strooi de rest van de walnoten erover en maak het gerecht af met 1 theelepel extra vergine olijfolie.

CALORIEËN	VET	VERZ. VET	EIWIT	KOOLHYD.	SUIKER	ZOUT	VEZELS
575 kcal	24,5 g	8,5 g	20,1 g	73,2 g	19,4 g	1,3 g	6,8 g

PASTA MET GARNALEN, PESTO EN ROSÉ

VOOR 2 PERSONEN | BEREIDINGSTIJD MAAR 12 MINUTEN

300 g ongepelde, rauwe grote garnalen

4 tenen knoflook

2 volle tl rode pesto

150 g taglierini of engelenhaarpasta

150 ml lichte rosé

Doe 1 eetlepel olijfolie in een grote, koude koekenpan met antiaanbaklaag en leg er vier hele garnalen in. Trek de koppen van de rest van de garnalen en gooi ze er voor wat extra smaak bij. Trek vervolgens vlug de poten en staarten eraf en pel de garnalen. Kerf de rug van de gepelde garnalen in met het puntje van je mes, verwijder het darmkanaal en snijd de garnalen in kleine stukjes. Pel de tenen knoflook en snijd ze in dunne plakjes. Zet de koekenpan op matig hoog vuur en voeg na 2 minuten al roerend de plakjes knoflook en stukjes garnaal toe, 1 minuut later gevolgd door de pesto. Blijf regelmatig roeren.

Kook de pasta intussen volgens de aanwijzingen op de verpakking in gezouten kokend water. Giet de rosé bij het mengsel in de koekenpan en laat hem 1 minuut inkoken. Giet de pasta af, vang daarbij een kopje van het kookwater op, hussel de pasta door de garnalensaus en giet er zo nodig een scheutje kookwater bij. Hussel de boel 1 minuut op het vuur, proef en breng de pasta op smaak met zeezout en zwarte peper. Schep dan de borden vol.

CALORIEËN	VET	VERZ. VET	EIWIT	KOOLHYD.	SUIKER	ZOUT	VEZELS
468 kcal	11,4 g	1,6 g	24,6 g	58,2 g	3,6 g	0,6 g	2,9 g

EIEREN

ROEREIOMELET

VOOR 2 PERSONEN | BEREIDINGSTIJD MAAR 10 MINUTEN

350 g rijpe, verschillend gekleurde tomaten

½ bos vers basilicum (15 g)

½-1 verse rode peper

½ bol mozzarella van 125 g

4 grote eieren

Snijd de tomaten in dunne plakjes, leg ze op een schaal en maak ze aan met een beetje extra vergine olijfolie, rodewijnazijn, zeezout en zwarte peper. Pluk de meeste basilicumblaadjes, doe ze in een vijzel, wrijf ze met een snufje zeezout tot een pasta en werk er 1 eetlepel extra vergine olijfolie door om er een basilicumolie van te maken.

Snijd de rode peper in dunne ringetjes en hak de mozzarella fijn. Zet een koekenpan met antiaanbaklaag (26 cm doorsnede) met ½ eetlepel olijfolie op matig vuur. Kluts de eieren, giet ze in de pan en bak ze onder regelmatig roeren met een rubberen spatel. Stop met roeren wanneer de eieren een beetje gestold maar nog wel vloeibaar zijn, strooi de mozzarella in het midden en sprenkel de basilicumolie erover. Laat de onderkant van de omelet 1 minuut stollen en – nu komt een technisch trucje – kantel de pan met één hand en tik met je andere hand op je pols tot de omelet tegen de rand van de pan schuift; gebruik de rubberen spatel om de opstaande rand van de omelet dubbel te klappen en vouw de andere kant ook naar het midden. Schep de dubbelgevouwen omelet met de gestolde kant naar boven op de plakjes tomaat.

Maak een sneetje in het midden zodat de binnenkant zichtbaar wordt, strooi er de pepertjes en de rest van de basilicum over. Dien de omelet snel op.

CALORIEËN	VET	VERZ. VET	EIWIT	KOOLHYD.	SUIKER	ZOUT	VEZELS
356 kcal	28,9 g	9 g	20,9 g	4,4 g	4 g	1,2 g	1,3 g

FLATBREADS MET EI & MANGOCHUTNEY

VOOR 2 PERSONEN | BEREIDINGSTIJD MAAR 12 MINUTEN

4 grote eieren

3 volle el zelfrijzend bakmeel + extra om te bestuiven

4 volle el yoghurt

2 el mangochutney

1 verse rode peper

Leg de eieren in een pan kokend water, kook ze exact 5½ minuut, laat ze onder de koude kraan schrikken tot ze voldoende afgekoeld zijn om beet te pakken en pel ze. Zet intussen een grote koekenpan met antiaanbaklaag op matig hoog vuur. Meng het bakmeel in een grote kom met een snufje zeezout, 3 volle eetlepels yoghurt en 1 eetlepel olijfolie tot je een zacht deeg hebt. Deel het deeg in twee stukken, rol een helft op een met meel bestoven werkvlak uit tot een dikte van iets minder dan ½ cm en bak het broodje in totaal 3 minuten, tot beide kanten goudbruin zijn. Doe hetzelfde met de andere helft van het deeg.

Schep de mangochutney en de rest van de yoghurt op de broodjes. Snijd de eieren doormidden, leg ze op de broodjes en druk ze als je wilt een beetje plat met een vork. Snijd de rode peper in dunne ringetjes, strooi ze (zo veel je durft!) op en om de broodjes, sprenkel er een beetje extra vergine olijfolie over en strooi er uit de hoogte een snufje zeezout en zwarte peper op.

CALORIEËN	VET	VERZ. VET	EIWIT	KOOLHYD.	SUIKER	ZOUT	VEZELS
525 kcal	23 g	6,5 g	23,4 g	60,5 g	15,4 g	2 g	1,9 g

KOREAANSE RIJSTOMELET

VOOR 2 PERSONEN | BEREIDINGSTIJD 22 MINUTEN

1 volle el sesamzaad

150 g basmatirijst

150 g kimchi

4 takjes verse koriander

4 grote eieren

Rooster het sesamzaad in een droge koekenpan met antiaanbaklaag (26 cm doorsnede) op matig vuur tot het goudbruin is. Doe het over op een schaaltje en zet het vuur op matig laag. Strooi de rijst met een snufje zeezout in de pan en giet er 400 ml water bij. Leg een deksel op de pan en kook de rijst 10 minuten, of tot alle water geabsorbeerd is.

Hak de kimchi en de helft van de korianderblaadjes fijn. Klop de eieren los, roer de kimchi en korianderblaadjes erdoor en giet dit mengsel over de rijst. Strijk het oppervlak glad met een spatel, leg een deksel op de pan en bak de omelet 5 tot 10 minuten, tot het ei net gestold is.

Steek de rand los met een spatel en schuif de omelet op een bord – ik klap altijd een randje om zodat de onderkant zichtbaar is. Strooi het geroosterde sesamzaad en de rest van de korianderblaadjes erover en zet de omelet op tafel.

CALORIEËN	VET	VERZ. VET	EIWIT	KOOLHYD.	SUIKER	ZOUT	VEZELS
477 kcal	15,7 g	3,9 g	22,5 g	65,6 g	0,8 g	1,5 g	2,2 g

AZIATISCHE GEBAKKEN EIEREN

VOOR 2 PERSONEN | BEREIDINGSTIJD MAAR 10 MINUTEN

2 lente-uitjes

1-2 verse, verschillend gekleurde pepers

2 volle el gemengd sesamzaad

4 grote eieren

2 el hoisinsaus

Maak de lente-uitjes schoon, snijd ze samen met de pepers diagonaal in ringetjes, doe ze met een scheutje rodewijnazijn in een kommetje ijskoud water en zet ze opzij.

Zet een grote koekenpan met antiaanbaklaag op matig hoog vuur en rooster het sesamzaad 1 minuut. Sprenkel 1 eetlepel olijfolie in de pan, breek de eieren erbij, leg een deksel op de pan en bak de eieren tot ze naar wens zijn.

Schep de eieren op de borden – ik leg er altijd een met de dooier naar boven en een met de dooier naar onder. Sprenkel er uit de hoogte de hoisin over (verdun de saus zo nodig met een scheutje water). Laat de lente-uitjes en pepertjes uitlekken, strooi ze over de eieren, prik de dooiers door en geniet ervan.

CALORIEËN	VET	VERZ. VET	EIWIT	KOOLHYD.	SUIKER	ZOUT	VEZELS
350 kcal	27,9 g	5,9 g	17,6 g	8,3 g	7,4 g	1 g	1,7 g

FLUWEELZACHTE OMELET MET CHILIKRAB

VOOR 1 PERSOON | BEREIDINGSTIJD MAAR 10 MINUTEN

½-1 verse rode peper

75 g gemengd bruin en wit krabvlees (vraag het je vishandelaar)

½ citroen

10 g cheddar of Goudse kaas

2 grote eieren

Verwijder de zaadjes uit de rode peper, hak hem fijn, meng zo veel als je durft door het krabvlees en roer er een kneepje citroensap en een snufje zeezout en zwarte peper door. Rasp de kaas, kluts de eieren en je kunt aan de slag.

Zet een koekenpan met antiaanbaklaag (30 cm doorsnede) op matig hoog vuur tot hij flink heet is, giet er een klein scheutje olijfolie in en vet het hele oppervlak in met een prop keukenpapier. Giet de eieren in de pan en laat ze over de hele bodem en tegen de rand op uitvloeien. Ga nu heel snel te werk. Strooi eerst de kaas uit de hoogte over de omelet, gevolgd door het aangemaakte krabvlees, en zet het vuur uit. Steek de rand van de omelet voorzichtig met een rubber spatel los en rol hem vlug een paar slagen op – je wilt laagjes creëren, dus hoe je het doet en of er scheurtjes in komen maakt niet uit; als hij maar niet te gaar wordt. Keer de omelet om op een bord, sprenkel er een beetje extra vergine olijfolie over en zet hem op tafel.

CALORIEËN	VET	VERZ. VET	EIWIT	KOOLHYD.	SUIKER	ZOUT	VEZELS
300 kcal	19,1 g	6,6 g	30,6 g	2,8 g	0,9 g	2 g	0,5 g

FRITTATA MET WARMGEROOKTE ZALM

VOOR 2 PERSONEN | BEREIDINGSTIJD MAAR 13 MINUTEN

125 g warmgerookte zalm, zonder huid

1 bos lente-uitjes

4 grote eieren

2 volle el crème fraîche light

40 g Red Leicester of Goudse kaas

Verwarm de grill voor op de hoogste stand en zet een koekenpan met antiaanbaklaag op matig hoog vuur. Leg de zalm in de pan en trek het sissende stuk vis in vlokken. Maak de lente-uitjes schoon, snijd ze in dunne ringetjes en strooi ze met een snufje zwarte peper in de pan. Bak ze 5 minuten onder regelmatig roeren. Klop intussen de eieren in een grote kom tot het volume verdubbeld is.

Zet het vuur laag, roer de crème fraîche door de vis en rasp de kaas erbij. Giet de inhoud van de pan bij de eieren in de kom, doe het mengsel terug in de pan en kantel de pan om het over de hele bodem en tegen de randen op uit te laten vloeien. Gril de frittata 5 minuten, of tot hij goudbruin en gestold is, maar houd hem wel goed in de gaten. Steek de rand los met een spatel, schuif de frittata op een bord en zet hem meteen op tafel.

CALORIEËN	VET	VERZ. VET	EIWIT	KOOLHYD.	SUIKER	ZOUT	VEZELS
420 kcal	29,4 g	11,8 g	36,8 g	3,7 g	3,1 g	2,1 g	0 g

MEXICAANS ONTBIJT VOOR DE HELE DAG

VOOR 2 PERSONEN | BEREIDINGSTIJD MAAR 15 MINUTEN

1-2 verse, verschillend gekleurde pepers

4 grote eieren

1 blikje (400 g) zwarte bonen

1 rijpe avocado

1 limoen

Snijd de pepers in dunne ringetjes (gebruik zo veel als je durft!) en bak de helft met 1 theelepel olijfolie in een koekenpan met antiaanbaklaag (30 cm doorsnede) op matig vuur. Breek wanneer de pepertjes beginnen te sissen de eieren in de pan en schep de zwarte bonen en de helft van het sap uit het blik ertussen. Strooi er zeezout en zwarte peper naar smaak over, leg een deksel op de pan en bak de eieren tot ze naar wens zijn.

Halveer en schil intussen de avocado, verwijder de pit en snijd het vruchtvlees in dunne partjes. Maak de partjes aan met het limoensap en voeg naar smaak zeezout en zwarte peper toe. Leg de partjes op de bonen en eieren in de pan, strooi de rest van de pepertjes erover, prik de dooiers stuk en ga aan tafel.

CALORIEËN	VET	VERZ. VET	EIWIT	KOOLHYD.	SUIKER	ZOUT	VEZELS
381 kcal	24,8 g	5,8 g	23,8 g	11,1 g	1,2 g	0,9 g	12,1 g

EIERLINTENSALADE

VOOR 2 PERSONEN | BEREIDINGSTIJD MAAR 15 MINUTEN

50 g flinterdun gesneden bresaola

4 grote eieren

2 stronkjes lof (wit en rood)

1 citroen

10 g parmezaan

Leg de plakjes bresaola op de borden en kluts de eieren goed. Zet een koekenpan met antiaanbaklaag (26 cm doorsnede) op matig vuur tot hij goed heet is, giet er een scheutje olijfolie in en vet het hele oppervlak in met een prop keukenpapier. Giet net genoeg geklutst ei in de pan om een dun filmpje op het hele oppervlak te vormen, kantel de pan om het uit te laten vloeien en giet het overtollige ei terug in de kom. Steek de flinterdunne omelet zodra hij gestold is met een rubber spatel los en leg hem op een plank. Herhaal dit met de rest van het ei, laat de omeletten afkoelen, rol ze op en snijd ze in dunne reepjes.

Maak de stronkjes lof schoon, snijd ze in dunne reepjes en maak ze aan met het citroensap en ½ eetlepel extra vergine olijfolie. Hussel ze met de reepjes ei, proef en breng de salade op smaak met zeezout en zwarte peper. Schep de salade op een hoopje in het midden van de plakjes bresaola, schaaf de parmezaan erover en besprenkel met een beetje extra vergine olijfolie.

CALORIEËN	VET	VERZ. VET	EIWIT	KOOLHYD.	SUIKER	ZOUT	VEZELS
280 kcal	19,5 g	5,7 g	26,3 g	2,9 g	0,9 g	1,3 g	0 g

SMOKY FRITTATA MET PADDENSTOELEN

VOOR 4 PERSONEN | BEREIDINGSTIJD 24 MINUTEN

4 plakjes gerookte doorregen bacon of ontbijtspek

400 g gemengde paddenstoelen

8 grote eieren

80 g cheddar of Goudse kaas

50 g rucola

Verwarm de oven voor tot 200 °C (gasovenstand 6). Snijd de bacon in reepjes en bak ze 2 minuten met 1 theelepel olijfolie in een ovenbestendige koekenpan met antiaanbaklaag (26 cm doorsnede) op matig vuur. Doe de paddenstoelen erbij; scheur de grotere exemplaren in stukjes. Voeg zeezout en zwarte peper toe en bak ze 5 minuten onder regelmatig roeren, of tot ze goudbruin zijn.

Kluts de eieren licht, giet ze bij de paddenstoelen in de pan en strooi er stukjes kaas over. Zet de pan 10 minuten in de oven, of tot het ei mooi gestold is. Steek de rand met een spatel los en schuif de frittata op een bord. Maak de rucolablaadjes aan met een scheutje extra vergine olijfolie en rodewijnazijn, en strooi ze erover.

CALORIEËN	VET	VERZ. VET	EIWIT	KOOLHYD.	SUIKER	ZOUT	VEZELS
299 kcal	23,5 g	8,7 g	22,9 g	0,4 g	0,2 g	1,5 g	1,3 g

KIP

STICKY KICKIN' WINGS

VOOR 2 PERSONEN | VOORBEREIDING 6 MINUTEN | KOOKTIJD 40 MINUTEN

1 el sesamzaad

4 grote kipvleugels

2 el teriyakisaus

1 verse rode peper

2 lente-uitjes

Rooster het sesamzaad in een droge koekenpan met antiaanbaklaag (20 cm doorsnede) op matig vuur tot het goudbruin is en schep het op een bordje. Leg de kipvleugels in de hete pan; ze moeten er net naast elkaar in passen. Bak ze 1 minuut aan elke kant aan, sprenkel de teriyakisaus erover en giet er zo veel water bij dat de vleugels net onderstaan. Snijd de rode peper in de lengte door, leg hem in de pan en laat de boel 35 tot 40 minuten pruttelen, of tot de vleugels gaar zijn en de saus lekker kleverig is. Draai de vleugels gaandeweg een paar keer om.

Giet een scheutje rodewijnazijn in de pan om het kleverige aanbaksel los te maken. Maak de lente-uitjes schoon, snijd ze in dunne ringetjes, strooi ze met het geroosterde sesamzaad over de kip en ga aan tafel.

CALORIEËN	VET	VERZ. VET	EIWIT	KOOLHYD.	SUIKER	ZOUT	VEZELS
306 kcal	18,6 g	4,9 g	27,1 g	7,4 g	6,2 g	1,4 g	0 g

TIKKA-KIP UIT DE OVEN

VOOR 4 PERSONEN | VOORBEREIDING 10 MINUTEN | 1 UUR IN DE OVEN

800 g aardappels

1 kleine bloemkool (600 g)

1 bos verse koriander (30 g)

1 hele kip van 1,2 kg

2 el tikka-currypasta

Verwarm de oven voor tot 180 °C (gasovenstand 4). Was de aardappels en snijd ze in stukjes van 3 cm. Snijd de steel van de bloemkool, verwijder de grove, buitenste bladeren en snijd de roosjes en de mooie blaadjes in ongeveer even grote stukjes als de piepers. Snijd de steeltjes van de koriander fijn (leg de blaadjes in een kom koud water). Hussel de groenten en koriandersteeltjes met een snufje zeezout en zwarte peper en 1 eetlepel (van elk) olijfolie en rodewijnazijn.

Leg de kip in de braadslede en wrijf hem rondom in met de tikka-pasta; zorg ervoor dat geen stukje onbedekt blijft. Leg de kip direct op het rooster in de oven, werk de groenten in de braadslede goed door elkaar en zet de slede recht onder de kip om het zalige vet op te vangen. Rooster de kip 1 uur, of tot alles goudbruin en gaar is, en schep de groenten halverwege een keer om. Leg de kip op de groenten, laat hem 5 minuten rusten, strooi de uitgelekte korianderblaadjes erover en ga aan tafel. Hussel de groenten voor het opscheppen nog even goed door het heerlijke vocht.

CALORIEËN	VET	VERZ. VET	EIWIT	KOOLHYD.	SUIKER	ZOUT	VEZELS
467 kcal	15,9 g	3,3 g	42,3 g	40,6 g	5,7 g	1,1 g	5,9 g

ROERBAKNOEDELS MET KIP

VOOR 2 PERSONEN | BEREIDINGSTIJD 16 MINUTEN

30 g ongezouten pinda's

2 kipfilets van 120 g elk

2 el zwartebonensaus

150 g middelfijne eiernoedels

200 g bimi

Zet een grote koekenpan met antiaanbaklaag op matig vuur, strooi de pinda's erin en rooster ze onder regelmatig roeren terwijl de pan heet wordt. Schep de pinda's wanneer ze goudbruin zijn op een schaaltje en laat de pan op het vuur staan. Snijd de kipfilets intussen met 1 cm tussenruimte tot halverwege in. Hussel de filets met 1 eetlepel (van elk) olijfolie, rodewijnazijn en zwartebonensaus in een kom en bak ze 3 minuten aan elke kant in de hete pan, tot ze donker goudbruin, krokant en gaar zijn.

Kook de noedels volgens de aanwijzingen op de verpakking in een pan gezouten kokend water. Snijd de steeltjes van de bimi bij (snijd dikkere steeltjes in de lengte doormidden) en kook de bimi de laatste 2 minuten met de noedels mee. Leg de kipfilets op een snijplank. Haal de beetgare noedels en bimi, inclusief een beetje aanhangend water, met een keukentang uit de pan en doe ze in de hete koekenpan. Wrijf de helft van de pinda's fijn in een vijzel, roer ze met de rest van de zwartebonensaus door de noedels en verdeel ze over de borden. Snijd de kipfilets in plakjes en leg ze op de noedels. Strooi de rest van de pinda's erover, besprenkel met een beetje extra vergine olijfolie en ga aan tafel.

CALORIEËN	VET	VERZ. VET	EIWIT	KOOLHYD.	SUIKER	ZOUT	VEZELS
579 kcal	18,7 g	3,4 g	45,5 g	60,7 g	5,5 g	1,4 g	4,3 g

KIPPASTEI IN DE PAN

VOOR 4 PERSONEN | BEREIDINGSTIJD 30 MINUTEN

2 uien

600 g kippendijen, zonder vel en bot

350 g gemengde paddenstoelen

1 bos verse tijm (30 g)

375 g roomboterbladerdeeg (koud)

Verwarm de oven voor tot 220 °C (gasovenstand 7). Zet een ovenbestendige koekenpan met antiaanbaklaag (30 cm doorsnede) met 1 eetlepel olijfolie op hoog vuur en een iets kleinere koekenpan met antiaanbaklaag op matig vuur. Pel de uien, snijd ze in grove stukjes en doe ze in de grote pan. Snijd twee derde deel van de kippendijen in grove stukjes en hak de rest fijn. Doe dan alles bij de uien in de pan en bak ze 6 minuten onder regelmatig roeren, tot het mengsel goudbruin is. Doe de paddenstoelen intussen in de droge koekenpan (scheur de grotere exemplaren in stukjes) en rooster ze ongeveer 4 minuten, tot ze heerlijk nootachtig ruiken. Kieper ze bij de kip in de pan en strooi de helft van de geplukte tijmblaadjes erover.

Neem de pan van het vuur, bestrooi de inhoud met een snufje zeezout en zwarte peper en roer er 1 eetlepel rodewijnazijn en 150 ml water door. Rol het bladerdeeg nu heel vlug uit tot een ronde lap met een diameter die 2 cm groter is dan de pan, leg het deeg over de vulling en druk het met een houten lepel tegen de rand van de pan. Snijd het deeg heel licht kruislings in en kwast het in met 1 theelepel olijfolie. Prik de rest van de takjes tijm in het midden van de pastei en zet hem zo 15 minuten in de oven, of tot het deeg goudbruin en prachtig opgeblazen is. Makkie!

CALORIEËN	VET	VERZ. VET	EIWIT	KOOLHYD.	SUIKER	ZOUT	VEZELS
683 kcal	40,7 g	19,8 g	36,7 g	42 g	7,2 g	1,2 g	4,3 g

GENIALE GEGRILDE PINDAKIP

VOOR 2 PERSONEN | BEREIDINGSTIJD MAAR 12 MINUTEN

2 kipfilets van 120 g elk

2 limoenen

4 tenen knoflook

2 volle el pindakaas

1-2 verse rode pepers

Verwarm de grill voor op de middelste stand. Snijd de kipfilets kruislings in, wrijf ze in met 1 eetlepel olijfolie, een snufje zeezout en zwarte peper en de fijn geraspte schil van 1 limoen. Leg de filets op de ingesneden kant in een koude, ovenbestendige koekenpan van 26 cm met antiaanbaklaag en zet hem op matig hoog vuur terwijl je de tenen knoflook pelt en boven een kom raspt. Pers het sap van 1½ limoen erbij, roer de pindakaas erdoor en maak het mengsel aan met zo veel water dat het een dikke, sausachtige consistentie heeft. Snijd de rode pepers in dunne ringetjes, meng ze (zo veel als je durft!) door de saus, proef en breng hem op smaak met zeezout en peper.

Draai de kipfilets om, schep de saus erover en zet ze 5 minuten op ongeveer 10 cm van het element onder de grill, of tot ze heerlijk krokant en gaar zijn. Rasp de rest van de limoenschil erover, besprenkel met 1 eetlepel extra vergine olijfolie en geef er partjes limoen bij om erover uit te knijpen.

CALORIEËN	VET	VERZ. VET	EIWIT	KOOLHYD.	SUIKER	ZOUT	VEZELS
405 kcal	25 g	4,6 g	38,6 g	6 g	1,8 g	0,9 g	1,8 g

KIP MET HARISSA UIT DE OVEN

VOOR 4 PERSONEN | VOORBEREIDING 9 MINUTEN | KOOKTIJD 50 MINUTEN

4 verschillend gekleurde paprika's

2 rode uien

1 hele kip van 1,2 kg

4 volle tl rozenharissa

4 takjes verse munt

Verwarm de oven voor tot 180 °C (gasovenstand 4). Verwijder de zaadjes uit de paprika's en scheur ze in grove stukken. Pel de uien, snijd ze in kwarten, trek de laagjes van elkaar en strooi de ui en paprika samen in een braadslede van 30 x 40 cm. Snijd de kip met een vlijmscherp mes langs de ruggengraat door, klap hem open en maak een paar sneetjes in beide poten. Leg de kip met de harissa, een klein snufje zeezout en zwarte peper en een scheutje rodewijnazijn bij de groenten in de slede, schep alles goed door elkaar en masseer de kip goed in met het harissamengsel.

Leg de kip opengeklapt – met het vel naar boven – op de groenten en zet hem 50 minuten in de oven, of tot hij goudbruin, krokant en gaar is. Strooi de muntblaadjes erover en ga aan tafel.

CALORIEËN	VET	VERZ. VET	EIWIT	KOOLHYD.	SUIKER	ZOUT	VEZELS
297 kcal	11,4 g	2,7 g	35 g	13,9 g	12,2 g	0,9 g	5,8 g

KROKANTE KNOFLOOKKIP

VOOR 2 PERSONEN | BEREIDINGSTIJD 20 MINUTEN

2 kipfilets van 120 g elk

2 dikke sneeën volkorenmeergranenbrood van 75 g elk

1 teen knoflook

1 citroen

50 g rucola

Leg de kipfilets tussen twee grote vellen bakpapier en sla ze met een zware steelpan tot een dikte van ongeveer 1 cm. Scheur het brood in stukjes, doe ze in een blender en hak ze met de gepelde en fijngehakte teen knoflook tot redelijk fijne kruimels. Strooi de kruimels aan beide kanten op de kip en druk ze aan. Leg de filets weer tussen de vellen bakpapier en sla ze nog iets platter om het kruimellaagje goed te laten hechten.

Zet een koekenpan met antiaanbaklaag op matig vuur en bak de gepaneerde filets ongeveer 3 minuten aan elke kant in 1 eetlepel olijfolie, tot ze krokant, goudbruin en gaar zijn. Snijd de kip in reepjes, schep ze op de borden, strooi er zeezout en zwarte peper naar smaak over en schep er een hoopje met citroensap aangemaakte rucola naast. Geef er partjes citroen bij om erover uit te knijpen.

CALORIEËN	VET	VERZ. VET	EIWIT	KOOLHYD.	SUIKER	ZOUT	VEZELS
366 kcal	11 g	2 g	36,6 g	32,1 g	2,4 g	1,1 g	5,8 g

THAISE RODE KIPPENSOEP

VOOR 6 PERSONEN | VOORBEREIDING 10 MINUTEN | KOOKTIJD 80 MINUTEN

1 hele kip van 1,6 kg

1 flespompoen (1,2 kg)

1 bos verse koriander (30 g)

100 g Thaise rode currypasta

1 blik (400 ml) kokosmelk light

Leg de kip in een grote, diepe pan. Snijd de pompoen voorzichtig in de lengte doormidden, verwijder de pitten en snijd hem in stukjes van 3 cm. Snijd de koriandersteeltjes fijn, doe ze met de stukjes pompoen, de currypasta en kokosmelk bij de kip in de pan en giet er 1 liter water bij. Leg een deksel op de pan en laat de kip 1 uur en 20 minuten op matig vuur stoven.

Haal de kip met een stevige keukentang uit de pan en leg hem op een schaal. Schep het vet van het oppervlak van de soep over de kip en strooi de helft van de korianderblaadjes erover. Zet de schaal op tafel en geef er twee vorken bij om de kip uit elkaar te trekken en te verdelen. Stamp een paar van de stukjes pompoen fijn met een aardappelstamper om de soep wat dikker te maken. Proef, breng de soep op smaak met zeezout en zwarte peper, verdeel hem over zes kommen en strooi de rest van de korianderblaadjes erover. Trek de kip aan tafel uit elkaar en eet het vlees bij de soep.

CALORIEËN	VET	VERZ. VET	EIWIT	KOOLHYD.	SUIKER	ZOUT	VEZELS
354 kcal	16,1 g	5,8 g	32,8 g	20,5 g	11,8 g	0,9 g	4,8 g

VERRASSEND ZOETE KIP

VOOR 2 PERSONEN | VOORBEREIDING 8 MINUTEN | KOOKTIJD 40 MINUTEN

2 kippenbouten van 200 g elk

1 bol knoflook

250 g verschillend gekleurde pitloze druiven

100 ml rode vermout

4 takjes verse dragon

Verwarm de oven voor tot 180 °C (gasovenstand 4) en zet een ovenbestendige koekenpan met antiaanbaklaag op hoog vuur. Wrijf de kippenbouten rondom in met ½ theelepel olijfolie en zeezout en zwarte peper. Leg ze op het vel in de pan en bak ze een paar minuten, tot ze goudbruin zijn. Kneus de tenen knoflook met de muis van je hand en doe ze erbij. Trek de druiven van de tros en doe ze ook in de pan.

Draai de kippenbouten om, giet de vermout erbij en zet de pan 40 minuten in de oven, of tot de bouten goudbruin en mals zijn, en het sausje ingekookt en heerlijk kleverig is. Blus af met een scheutje water om het aanbaksel los te maken, bestrooi met de geplukte dragonblaadjes en maak de borden op.

CALORIEËN	VET	VERZ. VET	EIWIT	KOOLHYD.	SUIKER	ZOUT	VEZELS
440 kcal	22,2 g	5,6 g	28 g	25,8 g	22 g	0,8 g	1,6 g

PESTOKIP IN BLADERDEEG

VOOR 4 PERSONEN | BEREIDINGSTIJD 30 MINUTEN

320 g roomboterbladerdeeg (koud)

4 kipfilets van 120 g elk

4 volle tl groene pesto

400 g rijpe kerstomaatjes aan de tak

400 g sperziebonen

Verhit de oven voor tot 220 °C (gasovenstand 7). Rol het bladerdeeg uit, snijd het in de lengte doormidden en vervolgens in de breedte in 8 gelijke reepjes. Sla de kipfilets met je vuist plat tot de stukken overal even dun zijn, leg ze in een braadslede en strooi er een snufje zeezout en zwarte peper over. Smeer de pesto erop, leg vier overlappende reepjes deeg op elke filet, duw de randjes rondom onder het vlees en kwast het deeg in met een beetje olijfolie. Maak de kerstomaatjes aan de tak aan met olijfolie en een snufje zeezout en zwarte peper en leg ze in een tweede braadslede. Zet de slede met de kip 20 minuten boven in de hete oven, met de tomaatjes er recht onder, tot het deeg goudbruin is en de kipfilets gaar zijn.

Leg de sperziebonen intussen netjes naast elkaar, snijd de steeltjes eraf en kook ze 7 minuten in een pan kokend water, of tot ze gaar zijn. Leg de kipfilets met de helft van de tomaatjes op een plank, prak de rest van de tomaatjes fijn en gooi de takjes weg. Giet de bonen af, hussel ze door de geprakte tomaatjes en breng ze op smaak met zeezout en zwarte peper. Snijd de kippakketjes diagonaal in drie stukjes, serveer ze op de bonen en leg er een takje met een paar hele tomaatjes op.

CALORIEËN	VET	VERZ. VET	EIWIT	KOOLHYD.	SUIKER	ZOUT	VEZELS
618 kcal	34,8 g	18 g	36,3 g	40,4 g	7,1 g	1,7 g	4,9 g

KIP IN ROMIGE MOSTERDSAUS

VOOR 2 PERSONEN | BEREIDINGSTIJD 20 MINUTEN

200 g gemengde paddenstoelen

1 rode ui

2 kipfilets van 120 g elk

2 tl grove mosterd

60 ml *single cream* of slagroom

Zet een koekenpan met antiaanbaklaag (30 cm doorsnede) op matig hoog vuur en strooi de paddenstoelen erin (scheur grotere exemplaren in stukjes). Rooster ze onder regelmatig omscheppen tot ze donker goudbruin zijn en nootachtig ruiken. Pel intussen de rode ui, snijd hem in dunne ringen en snijd de kipfilets in 1 cm dikke reepjes.

Doe wanneer de paddenstoelen zover zijn de uienringen en reepjes kip in de pan en giet er 1 eetlepel olijfolie bij. Roerbak het mengsel 5 minuten en voeg dan de mosterd, room en 150 ml water toe. Breng aan de kook en laat zachtjes pruttelen tot de saus lekker dik is en de reepjes kip gaar zijn. Proef, breng de saus op smaak met zeezout en zwarte peper en ga aan tafel.

CALORIEËN	VET	VERZ. VET	EIWIT	KOOLHYD.	SUIKER	ZOUT	VEZELS
304 kcal	16,1 g	5,4 g	32,8 g	7,6 g	5,6 g	0,5 g	2,5 g

KIP IN STICKY HOISINSAUS

VOOR 2 PERSONEN | BEREIDINGSTIJD 25 MINUTEN

2 kippenbouten van 200 g elk

8 lente-uitjes

1-2 verse, verschillend gekleurde pepers

3 sinaasappels of bloedsinaasappels

2 volle el hoisinsaus

Zet een koekenpan met antiaanbaklaag op matig hoog vuur. Trek het vel van de kippenbouten, leg dat samen met de bouten in de pan, strooi er een snufje zeezout en zwarte peper over en bak de boel 15 minuten onder regelmatig omdraaien, tot de velletjes uitgebakken en de bouten gaar zijn. Maak intussen de lente-uitjes schoon, snijd ze doormidden en leg het wit opzij. Verwijder de zaadjes uit de pepers, snijd ze samen met het groen van de lente-ui in de lengte in smalle reepjes en leg ze in een kommetje ijswater zodat ze opkrullen en knapperig worden. Pel de sinaasappels, snijd ze in dunne schijfjes en leg ze op de borden.

Schep de krokante velletjes op een schaaltje. Doe het wit van de lente-ui in de pan en roer goed. Maak de hoisinsaus in een kommetje aan met een scheutje rodewijnazijn, strijk de helft van het mengsel over de kippenbouten en bak ze nog 5 minuten. Giet de reepjes lente-ui en peper af, verdeel ze over de borden en leg de kippenbouten en het zachte wit van de lente-ui erop. Besprenkel de kip met de rest van de hoisinsaus en verkruimel de krokante velletjes erover.

CALORIEËN	VET	VERZ. VET	EIWIT	KOOLHYD.	SUIKER	ZOUT	VEZELS
430 kcal	19,5 g	5,2 g	29 g	36,2 g	35 g	1,5 g	4 g

KRUIDIGE KIP UIT DE OVEN

VOOR 2 PERSONEN | VOORBEREIDING 8 MINUTEN | 50 MINUTEN IN DE OVEN

400 g aardappels

2 kippenbouten van 200 g elk

6 tenen knoflook

2 takjes verse rozemarijn

1 citroen

Verwarm de oven voor tot 180 °C (gasovenstand 4). Schrob de aardappels, snijd ze in iets minder dan ½ cm dikke plakjes en leg ze met de kippenbouten, ½ eetlepel olijfolie en een snufje zeezout en zwarte peper in een braadslede van 25 x 30 cm. Kneus de ongepelde tenen knoflook, strooi ze erbij, hussel alles goed en spreid de aardappels in een gelijkmatige laag uit. Leg de kippenbouten 40 minuten met het vel naar boven op een rooster in de oven en zet de slede met aardappels er recht onder.

Schep de gebakken aardappels door het heerlijke vocht in de slede en leg de kippenbouten erop. Ris de rozemarijnnaaldjes van de takjes, schil met een dunschiller reepjes van de citroenschil, roer de rozemarijnnaaldjes en citroenschil door 1 theelepel olijfolie en sprenkel dit mengsel over de kippenbouten en aardappels in de slede. Pers de helft van het citroensap erbij en zet de slede nog 10 minuten terug in de oven, of tot de bouten gaar en prachtig goudbruin zijn.

CALORIEËN	VET	VERZ. VET	EIWIT	KOOLHYD.	SUIKER	ZOUT	VEZELS
490 kcal	25,4 g	6 g	30,4 g	37,2 g	1,4 g	0,8 g	3,2 g

VIS

ZALM MET SMOKY CHORIZO

VOOR 2 PERSONEN | BEREIDINGSTIJD MAAR 11 MINUTEN

2 zalmfilets van 150 g elk, met huid, geschubd en graten verwijderd

300 g verschillend gekleurde kerstomaatjes

4 takjes vers basilicum

8 zwarte olijven (met pit)

30 g chorizo

Leg de zalmfilets met de huid naar boven in een grote, koude koekenpan met antiaanbaklaag en zet hem op matig hoog vuur. Draai de filets om zodra ze beginnen te sissen en de pan goed op temperatuur is (na ongeveer 3 minuten) en bak ze afhankelijk van de dikte nog ongeveer 5 minuten op de huid, tot ze superkrokant en net gaar zijn.

Snijd intussen de kerstomaatjes doormidden, doe het grootste deel van de basilicumblaadjes, 1 eetlepel rodewijnazijn en een snufje zeezout en zwarte peper erbij en hussel goed. Kneus de olijven, verwijder de pitten, hak de olijven fijn en maak ze aan met 1 theelepel extra vergine olijfolie en een scheutje water.

Snijd de chorizo in dunne plakjes en bak ze de laatste 2 minuten met de zalm mee. Hussel de laatste 30 seconden de aangemaakte tomaatjes erdoor. Verdeel de chorizo en tomaatjes over de borden, leg de zalmfilets erop en strooi de aangemaakte olijven en de rest van de basilicumblaadjes erover.

CALORIEËN	VET	VERZ. VET	EIWIT	KOOLHYD.	SUIKER	ZOUT	VEZELS
363 kcal	22,8 g	4,8 g	34,3 g	5,1 g	4,9 g	1,2 g	1,5 g

SUPERSIMPELE VISPASTEI

VOOR 4 PERSONEN | **BEREIDINGSTIJD 28 MINUTEN**

400 g ongekleurde, gerookte-schelvisfilet, zonder huid (bij de vishandelaar)

2 bosjes lente-uitjes

250 g jonge spinazie

150 g cheddar of Goudse kaas

4 vellen filodeeg

Verwarm de oven voor tot 200 °C (gasovenstand 6). Leg de vis in een kom, giet er zo veel kokend water bij dat de filets onderstaan en zet ze even opzij. Snijd de lente-uitjes in grove stukjes en doe ze met 1 eetlepel olijfolie in een koekenpan met antiaanbaklaag (30 cm doorsnede) op hoog vuur. Roerbak ze 2 minuten, leg de spinazie erop, laat de blaadjes slinken en zet het vuur uit.

Sprenkel 100 ml van het water van de vis over de spinazie. Laat de filets uitlekken, trek ze in vlokken en strooi die in een gelijkmatige laag over de spinazie in de pan. Rasp het grootste deel van de kaas erover en strooi er een flinke snuf zwarte peper op. Leg drie velletjes filodeeg op de vis, prop ze rondom in bij de rand, scheur het vierde velletje in stukjes en leg die er losjes op. Rasp het laatste restje kaas erover, besprenkel met ½ eetlepel olijfolie en zet de pastei 15 tot 17 minuten in de oven, tot het deeg goudbruin en krokant is. Een eitje!

CALORIEËN	VET	VERZ. VET	EIWIT	KOOLHYD.	SUIKER	ZOUT	VEZELS
431 kcal	20,9 g	9,3 g	34,5 g	27,9 g	3,4 g	3,2 g	3,5 g

SISSENDE, GESCHROEIDE COQUILLES

VOOR 2 PERSONEN | BEREIDINGSTIJD 18 MINUTEN

400 g aardappels

200 g diepvriesdoperwten

½ bos verse munt (15 g)

6-8 rauwe grote sint-jakobsschelpen, met kuit, schoongemaakt

50 g stevige bloedworst

Was de aardappels, snijd ze in stukjes van 3 cm en kook ze 12 minuten in een pan gezouten kokend water, of tot ze gaar zijn. Kook de doperwten de laatste 3 minuten mee. Pluk intussen het grootste deel van de muntblaadjes, hak ze fijn en zet ze even opzij. Zet een koekenpan met antiaanbaklaag op matig hoog vuur. Giet zodra hij goed heet is 1 eetlepel olijfolie in de pan, strooi de rest van de muntblaadjes erbij, bak ze in circa 1 minuut krokant en schep ze op een bord. Strooi een snufje zeezout en zwarte peper over de coquilles en bak ze 2 minuten aan elke kant in de muntolie, of tot ze goudbruin zijn. Verkruimel de bloedworst (gooi het vel weg) erover zodat die ook een beetje krokant wordt.

Laat de aardappels en doperwten uitlekken, doe ze terug in de pan, stamp ze met de gehakte munt en 1 eetlepel extra vergine olijfolie door elkaar en breng het stamppotje op smaak met zeezout en zwarte peper. Verdeel het samen met de coquilles en bloedworst over de borden, sprenkel er een klein beetje extra vergine olijfolie over en bestrooi met de krokante muntblaadjes.

CALORIEËN	VET	VERZ. VET	EIWIT	KOOLHYD.	SUIKER	ZOUT	VEZELS
517 kcal	23,6 g	5 g	27,4 g	52 g	3,6 g	1,3 g	7,9 g

VLUGGE AZIATISCHE VISKOEKJES

VOOR 4 PERSONEN | BEREIDINGSTIJD 22 MINUTEN

1 stengel citroengras

6 cm verse gemberwortel

½ bos verse koriander (25 g)

500 g zalmfilet, zonder huid, graten verwijderd

4 tl chili-jam (verkrijgbaar bij speciaalzaken of online)

Kneus de stengel citroengras op je werkvlak en trek het harde buitenste laagje eraf. Schil de gemberwortel en hak hem samen met de zachte binnenkant van het citroengras en de meeste koriander (met steeltjes en al) fijn. Houd een paar mooie korianderblaadjes apart en leg ze in een kommetje koud water. Snijd de zalm op het fijngehakte mengsel op je plank in blokjes van 1 cm en schuif de helft van de zalm opzij. Hak de resterende helft superfijn – tot een soort puree – en meng er de grovere stukjes zalm, een snufje zeezout en zwarte peper door. Verdeel het mengsel in 4 porties en kneed er ongeveer 2 cm dikke koekjes van.

Zet een grote koekenpan met antiaanbaklaag met 1 eetlepel olijfolie op matig hoog vuur. Bak de koekjes 2 minuten aan elke kant, of tot ze mooi goudbruin zijn. Schep de chili-jam op de viskoekjes, giet een scheutje water in de pan, zet het vuur uit en kantel de pan zodat het water langs de koekjes vloeit. Serveer de koekjes met de uitgelekte korianderblaadjes.

CALORIEËN	VET	VERZ. VET	EIWIT	KOOLHYD.	SUIKER	ZOUT	VEZELS
277 kcal	17,2 g	2,9 g	25,7 g	4,8 g	3,8 g	0,7 g	0,1 g

KROKANTE PIJLINKTVIS & AVOCADOPUREE

VOOR 2 PERSONEN | BEREIDINGSTIJD 20 MINUTEN

250 g pijlinktvis, schoongemaakt en gewassen

2 volle el volkorenmeel

1 rijpe avocado

2 limoenen

2 tl hete chilisaus

Giet een laagje van 1 cm olijfolie in een grote koekenpan met antiaanbaklaag op matig hoog vuur en laat de olie goed heet worden – verlies de pan geen moment uit het oog. Snijd de pijlinktvis intussen in ringen van 1 cm en hussel ze door het meel vermengd met een snufje zeezout en zwarte peper om ze een jasje te geven. Snijd de avocado doormidden, verwijder de pit en schep het vruchtvlees uit de schil in een kom. Rasp de schil van 1 limoen erover, pers het sap erbij en prak er een grove puree van. Proef, breng de puree op smaak met zeezout en zwarte peper en verdeel de puree over twee borden.

Controleer of de olie heet genoeg is door heel voorzichtig een klein stukje inktvis in het vet te leggen – als het meteen begint te sissen en goudbruin wordt, zit je goed. Leg de inktvisringen een voor een in de hete olie en draai ze een paar keer om met een keukentang tot ze rondom goudbruin zijn (werk zo nodig in porties). Schep de inktvisringen met een schuimspaan op een bord met keukenpapier, laat ze even uitlekken en leg ze op de avocadopuree. Sprenkel de chilisaus en een klein beetje extra vergine olijfolie erover en geef er partjes limoen bij om erover uit te knijpen.

CALORIEËN	VET	VERZ. VET	EIWIT	KOOLHYD.	SUIKER	ZOUT	VEZELS
473 kcal	29,3 g	5 g	25,4 g	28,7 g	1,8 g	1 g	3,7 g

GESCHROEIDE TONIJN MET SESAM

VOOR 2 PERSONEN | BEREIDINGSTIJD MAAR 10 MINUTEN

1 volle el misopasta

2 x 150 g tonijnsteak (liefst 2 cm dik)

4 el sesamzaad

8 lente-uitjes

150 g sugarsnaps

Zet een grote koekenpan met antiaanbaklaag op matig hoog vuur. Wrijf de stukken tonijn rondom in met misopasta, rol ze door het sesamzaad en druk dat een beetje aan om ze een jasje te geven. Leg de steaks met 1 eetlepel olijfolie in de hete pan en bak ze 1½ minuut aan elke kant, zodat de buitenkant goudbruin maar de binnenkant nog prachtig roze is. Leg de steaks op een plank en laat ze even rusten. Veeg de pan met een prop keukenpapier schoon en zet hem terug op het vuur.

Maak de lente-uitjes schoon en snijd ze diagonaal in stukken van dezelfde lengte als de sugarsnaps. Doe de lente-uitjes en sugarsnaps met een paar drupjes rodewijnazijn en een snufje zeezout in de hete pan en hussel ze 2 minuten om ze licht aan te schroeien. Snijd de tonijnsteaks in plakjes, leg ze op de groenten en sprenkel er 1 theelepel extra vergine olijfolie over.

CALORIEËN	VET	VERZ. VET	EIWIT	KOOLHYD.	SUIKER	ZOUT	VEZELS
450 kcal	27,4 g	5,1 g	43,9 g	7,5 g	4 g	1,1 g	3,3 g

SUPERMAKKELIJKE VISCURRY

VOOR 4 PERSONEN | BEREIDINGSTIJD MAAR 14 MINUTEN

500 g rijpe, verschillend gekleurde kerstomaatjes

500 g witvisfilet, zoals schelvis, zonder huid, graten verwijderd

1 volle el korma-currypasta

1 el limoenpickle

1 blikje (400 ml) kokosmelk light

Verhit 1 eetlepel olijfolie in een grote, ondiepe braadpan op hoog vuur. Snijd de tomaatjes doormidden, leg ze op de huid in de pan en bak ze 2 minuten zonder roeren, tot er blaasjes op zitten, terwijl je intussen de schelvis in stukjes van 4 cm snijdt.

Roer de stukjes schelvis, kormapasta, limoenpickle en kokosmelk door de tomaatjes, breng het mengsel aan de kook, laat de curry 6 minuten pruttelen en roer heel voorzichtig om de stukjes vis niet stuk te maken. Proef, breng de curry op smaak met zeezout en zwarte peper en schep de borden vol. Genieten!

CALORIEËN	VET	VERZ. VET	EIWIT	KOOLHYD.	SUIKER	ZOUT	VEZELS
257 kcal	13,3 g	6 g	26,4 g	8,2 g	7 g	0,9 g	2,1 g

TONGSCHAR MET EEN CRISPY VELLETJE

VOOR 2 PERSONEN | BEREIDINGSTIJD 20 MINUTEN

½ pot van 280 g artisjokharten in olie

2 verschillend gekleurde courgettes

1 bos verse munt (30 g)

2 x 200 g tongscharfilet (of andere platvisfilet), met huid, geschubd

1-2 verse, verschillend gekleurde pepers

Verwarm de grill voor op de hoogste stand. Snijd de artisjokharten in de lengte doormidden en leg ze met 1 eetlepel van de olie uit de pot in een ovenbestendige koekenpan met antiaanbaklaag op matig vuur. Snijd de courgettes in de lengte in kwarten, verwijder de kern en snijd ze diagonaal in stukjes ter grootte van de artisjokharten. Doe ze in de pan en bak ze 10 minuten onder regelmatig roeren. Snijd intussen de bovenste helft van de bos munt fijn en hussel de helft met een scheutje water door de groenten.

Wrijf de visfilets in met een klein beetje olijfolie, zeezout en zwarte peper. Leg ze met de huid naar boven op de groenten. Zet de pan dan 7 tot 12 minuten direct onder de hete grill, of tot de huid waanzinnig krokant is – houd de boel wel goed in de gaten! Snijd intussen de pepers in dunne ringetjes en meng zo veel als je durft met de rest van de munt, 2 eetlepels rodewijnazijn en 1 eetlepel extra vergine olijfolie. Proef en breng het mengsel op smaak met zeezout en zwarte peper. Schep de groenten en tongschar op de borden, trek de krokante huid van de vis tot halverwege terug om het vlees bloot te leggen en sprenkel het munt-pepermengsel erover.

CALORIEËN	VET	VERZ. VET	EIWIT	KOOLHYD.	SUIKER	ZOUT	VEZELS
309 kcal	13,6 g	2 g	38,8 g	5,9 g	3,7 g	2,8 g	3,3 g

ROMIGE 'CORNISH' MOSSELEN

VOOR 2 PERSONEN | BEREIDINGSTIJD MAAR 12 MINUTEN

600 g mosselen, geschrobd en zonder baard

4 tenen knoflook

1 bos verse bieslook (30 g)

250 ml Cornish cider of een andere cider

50 g clotted cream

Controleer de mosselen en geef open exemplaren een tik – als ze dan niet dichtgaan moet je ze weggooien. Pel de tenen knoflook, snijd ze in dunne plakjes en hak de bieslook fijn.

Zet een grote diepe pan op hoog vuur. Giet er 1 eetlepel olijfolie in en doe de knoflook, de meeste bieslook en 1 minuut later de cider erbij. Breng aan de kook, voeg de mosselen en clotted cream toe, leg een deksel op de pan en kook de mosselen 3 tot 4 minuten, terwijl je de pan regelmatig schudt. Als de mosselen allemaal open en zacht en sappig zijn, zit je goed. Mosselen die dicht blijven moet je weggooien.

Proef de saus, breng hem op smaak met zeezout en zwarte peper, schep de borden vol en strooi de rest van de bieslook erover.

CALORIEËN	VET	VERZ. VET	EIWIT	KOOLHYD.	SUIKER	ZOUT	VEZELS
347 kcal	24,6 g	11,2 g	15,2 g	8,4 g	4,2 g	0,8 g	0,7 g

KABELJAUW MET SMOKY PANCETTA

VOOR 2 PERSONEN | BEREIDINGSTIJD 16 MINUTEN

8 plakjes gerookte pancetta

2 x 150 g kabeljauwfilet (of andere witvisfilet), zonder huid, graten verwijderd

2 takjes verse rozemarijn

250 g gekookte linzen

200 g spinazie

Leg 4 plakjes pancetta iets overlappend op je werkvlak. Leg er een kabeljauwfilet op, strooi er een flinke snuf zwarte peper op en maak er een strak rolletje van. Doe hetzelfde met de rest van de pancetta en visfilet. Bak de rolletjes 8 minuten in een grote koekenpan met antiaanbaklaag op matig vuur, terwijl je ze regelmatig omdraait; bak de takjes rozemarijn de laatste 2 minuten mee.

Schep de visrolletjes op een bord. Doe de linzen met 1 eetlepel rodewijnazijn in de pan en roer goed. Schuif ze aan de kant en laat ze 1 minuut pruttelen om de smaken uit de pan op te nemen, terwijl je intussen de spinazieblaadjes met een scheutje water in dezelfde pan laat slinken. Proef, breng op smaak met zeezout en zwarte peper en verdeel de linzen en spinazie over de borden. Leg de visrolletjes met een takje rozemarijn op de linzen en sprenkel er 1 theelepel extra vergine olijfolie over.

CALORIEËN	VET	VERZ. VET	EIWIT	KOOLHYD.	SUIKER	ZOUT	VEZELS
348 kcal	9,2 g	2,4 g	44,1 g	22,9 g	2 g	1,2 g	2,1 g

AZIATISCHE SALADE MET TONIJNSTEAK

VOOR 2 PERSONEN | BEREIDINGSTIJD MAAR 10 MINUTEN

200 g radijsjes, liefst met blaadjes

2 volle tl ingelegde gember

2 tl zoutarme sojasaus

250 g diepvriessojabonen

2 tonijnsteaks van 150 g elk (liefst 2 cm dik)

Hak 2 radijsjes fijn met de ingelegde gember, maak ze aan met de sojasaus, 1 eetlepel extra vergine olijfolie en 2 theelepels water en zet het mengsel opzij. Snijd de rest van de radijsjes met blaadjes en al in flinterdunne plakjes.

Zet de sojabonen in een koekenpan met antiaanbaklaag op hoog vuur, giet er kokend water bij, kook ze 2 minuten en laat ze uitlekken. Zet de pan terug op matig hoog vuur. Wrijf de tonijnsteaks in met 1 theelepel olijfolie en een snufje zeezout en zwarte peper. Bak ze 1½ minuut aan elke kant, zodat ze vanbinnen nog mooi roze zijn.

Verdeel de sojabonen en radijs over de borden. Verdeel de tonijnsteaks in grove vlokken over de groenten, schep de aangemaakte gember en radijs erop en sprenkel het sap erover. Maak de salades af met 1 theelepel extra vergine olijfolie.

CALORIEËN	VET	VERZ. VET	EIWIT	KOOLHYD.	SUIKER	ZOUT	VEZELS
426 kcal	19,2 g	3,5 g	54 g	9,8 g	5 g	1,3 g	0,1 g

STICKY MANGOGARNALEN

VOOR 2 PERSONEN | BEREIDINGSTIJD 20 MINUTEN

300 g grote, rauwe ongepelde garnalen

6 tenen knoflook

1 tl kerriepoeder

1 volle el mangochutney

1 limoen

Trek vlug de poten en staarten van de garnalen en pel ze, maar laat de koppen zitten voor extra smaak. Kerf de rug van de gepelde garnalen in met het puntje van je mes en verwijder het darmkanaal. Zet een grote koekenpan met antiaanbaklaag op matig vuur. Pel de tenen knoflook, snijd ze in flinterdunne plakjes en bak ze in 1 eetlepel olijfolie tot ze krokant zijn. Schep ze op een schaaltje waarbij je de knoflookolie in de pan achterlaat.

Roer het kerriepoeder door de olie, leg de garnalen in de pan en bak ze onder regelmatig omscheppen in 4 minuten gaar. Doe de mangochutney erbij, blijf 30 seconden roeren, proef en breng de garnalen op smaak met zeezout en zwarte peper. Verdeel de garnalen over de borden, bestrooi met de krokante plakjes knoflook, rasp de helft van de limoenschil erover en geef er partjes limoen bij om erover uit te knijpen.

CALORIEËN	VET	VERZ. VET	EIWIT	KOOLHYD.	SUIKER	ZOUT	VEZELS
168 kcal	7,3 g	1,1 g	15,8 g	10,4 g	7,4 g	0,9 g	0,9 g

GRANDIOZE EENPANS-VISSCHOTEL

VOOR 4 PERSONEN | BEREIDINGSTIJD MAAR 15 MINUTEN

300 g witte basmatirijst

6 volle tl groene-olijventapenade

350 g rijpe, verschillend gekleurde kerstomaatjes

½ bos vers basilicum (15 g)

500 g witvisfilets, zoals schelvis, zonder huid, graten verwijderd

Meng de rijst in een grote, ondiepe braadpan op hoog vuur met 2 volle theelepels tapenade en giet er 600 ml water bij. Leg de deksel op de pan en breng de rijst aan de kook terwijl je de tomaatjes doormidden snijdt en in een kom aanmaakt met 1 eetlepel (van elk) extra vergine olijfolie en rodewijnazijn. Proef, voeg naar smaak zeezout en zwarte peper toe en verdeel het grootste deel van de basilicumblaadjes erover.

Snijd de vis in vier gelijke stukken, leg ze in de pan en druk ze in de rijst. Strooi de aangemaakte tomaatjes erover. Leg de deksel terug op de pan en kook de hele boel nog 10 minuten, tot de rijst gaar is. Haal de deksel van de pan en laat de rijst nog 2 minuten op het vuur staan, tot alle vocht verdampt is. Schep de rest van de tapenade op de vis, sprenkel er een klein beetje extra vergine olijfolie over en maak de borden op.

CALORIEËN	VET	VERZ. VET	EIWIT	KOOLHYD.	SUIKER	ZOUT	VEZELS
484 kcal	12 g	1,7 g	31,2 g	66,7 g	3,8 g	1,2 g	2,7 g

KROKANTE ZEEBAARS OP Z'N THAIS

VOOR 2 PERSONEN | BEREIDINGSTIJD 19 MINUTEN

4 lente-uitjes

½ bos verse koriander (15 g)

2 hele zeebaarzen van 300 g elk, geschubd en schoongemaakt

2 el Thaise rode currypasta

1 limoen

Maak de lente-uitjes schoon, halveer ze, snijd ze in de lengte in sprietjes en leg ze in een kom ijswater om ze knapperig te maken. Pluk de korianderblaadjes en doe ze erbij; houd de steeltjes apart.

Zet een grote koekenpan met antiaanbaklaag op matig hoog vuur. Snijd de huid van de zeebaarzen aan beide kanten om de 2 cm in en wrijf de binnen- en buitenkant zorgvuldig in met de rode currypasta. Prop de koriandersteeltjes in de buikholtes, bestrooi de vissen vanbinnen en -buiten met zeezout en zwarte peper en leg ze met 1 eetlepel olijfolie in de hete pan. Bak ze ongeveer 3 minuten (afhankelijk van de dikte) aan elke kant, of tot ze donker goudbruin en gaar zijn.

Giet de lente-uitjes en korianderblaadjes af, schud ze uit en strooi ze op een hoopje op de borden. Leg de zeebaarzen erop en sprenkel de pikante olie uit de pan erover. Rasp de limoenschil erover en geef er partjes limoen bij om erover uit te knijpen.

CALORIEËN	VET	VERZ. VET	EIWIT	KOOLHYD.	SUIKER	ZOUT	VEZELS
410 kcal	28,1 g	4,8 g	37,4 g	2,1 g	1,2 g	1,5 g	0,2 g

RAZENDSNELLE SPICY GARNALENSOEP

VOOR 4 PERSONEN | BEREIDINGSTIJD 20 MINUTEN

250 g gekookte kleine garnalen uit de diepvries

150 g basmatirijst

8 lente-uitjes

2 volle el korma-currypasta

1 blikje (400 ml) kokosmelk light

Laat de garnalen ontdooien in een kom koud water. Rooster intussen de rijst 3 minuten in een droge, ondiepe braadpan op hoog vuur onder regelmatig roeren. Maak de lente-uitjes schoon en snijd ze in dunne ringetjes. Doe 1 eetlepel olijfolie, de lente-ui en currypasta bij de rijst in de pan, roer 2 minuten, giet de kokosmelk en 2½ blikje water erbij en laat de rijst 12 minuten zachtjes koken onder af en toe roeren.

Giet de garnalen met nog 6 minuten te gaan af, hak ze fijn en roer ze door de soep. Proef wanneer de rijst gaar is en de soep de gewenste consistentie heeft, voeg naar smaak zeezout en zwarte peper toe en schep de kommen of borden vol.

CALORIEËN	VET	VERZ. VET	EIWIT	KOOLHYD.	SUIKER	ZOUT	VEZELS
321 kcal	13,1 g	6 g	16,1 g	36,2 g	3,9 g	1,2 g	2 g

GROENTEN

AARDAPPEL & ARTISJOK AL FORNO

VOOR 6 PERSONEN | VOORBEREIDING 9 MINUTEN | 80 MINUTEN IN DE OVEN

800 g nieuwe aardappeltjes

2 grote venkelknollen

1 pot (280 g) artisjokharten in olie

50 g parmezaan

100 ml *double cream* of slagroom

Verwarm de oven voor tot 200 °C (gasovenstand 6). Snijd de grotere aardappeltjes doormidden. Maak de venkelknollen schoon, houd het loof apart en snijd de steeltjes in dunne plakjes. Snijd de knollen doormidden en vervolgens in 1 cm dikke plakjes. Doe de plakjes venkel met de aardappeltjes in een braadslede van 30 x 35 cm, snijd de artisjokharten doormidden en hussel ze met 2 eetlepels van de olie uit de pot en een flinke snuf zwarte peper door de groenten. Giet er 300 ml water bij, dek de slede strak af met aluminiumfolie en zet hem 1 uur in de hete oven.

Rasp de helft van de parmezaan in een kom bij de room en verdun het mengsel met een scheutje water. Haal de slede wanneer de groenten klaar zijn uit de oven, verwijder de folie, schep het roommengsel op de groenten en rasp de rest van de parmezaan erover. Zet de slede nog ongeveer 20 minuten terug in de oven, of tot de groenten gaar zijn en er een mooi goudbruin korstje op zit. Strooi vlak voor het serveren het apart gehouden venkelloof erover.

CALORIEËN	VET	VERZ. VET	EIWIT	KOOLHYD.	SUIKER	ZOUT	VEZELS
258 kcal	14,6 g	7,6 g	7,3 g	24,7 g	4,1 g	1,3 g	6,3 g

GESCHROEIDE SPRUITEN MET KNOFLOOK

VOOR 2 PERSONEN | BEREIDINGSTIJD 16 MINUTEN

300 g spruiten

2 tenen knoflook

30 g gepelde, ongezouten pistachenootjes

1 granaatappel

2 volle el hüttenkäse

Maak de spruitjes schoon, verwijder de lelijke buitenste blaadjes en snijd ze doormidden. Leg ze op de snijkant naast elkaar in een grote, droge koekenpan met antiaanbaklaag op hoog vuur en bak ze 5 minuten. Pel intussen de tenen knoflook en snijd ze in dunne plakjes. Stamp de pistachenootjes fijn in een vijzel. Snijd de granaatappel doormidden en pers het sap van de ene helft door een zeef in een kom. Houd de andere helft met de snijkant omlaag boven de kom en sla met een lepel de pitjes eruit. Roer de plakjes knoflook met 1 eetlepel olijfolie en een paar scheutjes water door de spruitjes en laat ze nog 1 minuut op het vuur staan.

Verdeel de hüttenkäse over de borden, schep de geschroeide spruitjes erop en strooi de granaatappelpitjes en pistachenootjes erover. Besprenkel met het granaatappelsap en 1 eetlepel extra vergine olijfolie, strooi er uit de hoogte een snufje zeezout en zwarte peper op en ga meteen aan tafel. Zalig!

CALORIEËN	VET	VERZ. VET	EIWIT	KOOLHYD.	SUIKER	ZOUT	VEZELS
327 kcal	25,2 g	4,8 g	12,8 g	13 g	9,4 g	0,7 g	1,1 g

GEKRUIDE BLOEMKOOL UIT DE OVEN

VOOR 2-4 PERSONEN | VOORBEREIDING 9 MINUTEN | 85 MINUTEN IN DE OVEN

1 kleine bloemkool (600 g)

2 volle tl rozenharissa

2 volle el yoghurt

1 granaatappel

1 el dukkah

Verwarm de oven voor tot 180 °C (gasovenstand 4). Verwijder de bladeren van de bloemkool en snijd met een scherp mes heel voorzichtig een diep kruis in de steel zodat je hem later gemakkelijker in porties kunt verdelen. Meng de harissa in een kom met de yoghurt, ½ theelepel rodewijnazijn en een snufje zeezout en zwarte peper. Wrijf de hele bloemkool met het mengsel in. Leg de bloemkool in een ovenbestendige koekenpan of braadslede waar hij net in past. Snijd de granaatappel doormidden en pers het sap van de ene helft door een zeef over de bloemkool. Giet er 100 ml water bij en bak de bloemkool 1 uur en 15 minuten in de oven.

Bedruip de bloemkool wanneer hij klaar is met het vocht in de pan en bak hem nog 10 minuten. Neem de pan uit de oven, bedruip de bloemkool nogmaals met het vocht en strooi vlug de dukkah erover zodat de korreltjes blijven plakken. Houd de andere helft van de granaatappel met de snijkant boven de bloemkool en sla met een lepel de pitjes eruit. Snijd de bloemkool doormidden of in kwarten en ga meteen aan tafel.

CALORIEËN	VET	VERZ. VET	EIWIT	KOOLHYD.	SUIKER	ZOUT	VEZELS
181 kcal	6,8 g	1,9 g	13,7 g	16,1 g	13,7 g	0,6 g	6,8 g

SPEEDY SPINAZIECURRY

VOOR 2 PERSONEN | BEREIDINGSTIJD 16 MINUTEN

20 g ongezouten cashewnoten

1 ui

2 tl rogan josh-currypasta

100 g paneer

200 g jonge spinazie

Doe de cashewnoten in een grote koekenpan met antiaanbaklaag op matig hoog vuur en rooster ze onder regelmatig omschudden, tot ze goudbruin zijn. Kieper de noten in een vijzel en zet de pan terug op het vuur.

Pel de ui, snijd hem in dunne ringen en doe ze met 1 eetlepel olijfolie en de currypasta in de hete pan. Bak ze 8 minuten onder regelmatig roeren, giet er 1 eetlepel rodewijnazijn bij en laat hem 30 seconden inkoken. Snijd de paneer in blokjes, strooi ze in de pan en doe de spinazie erbij. Bak al roerend tot de spinazie slinkt en alle vocht verdampt is, proef en breng het mengsel op smaak met zeezout en zwarte peper. Stamp de cashewnoten fijn en strooi ze er vlak voor het serveren over. Yum!

CALORIEËN	VET	VERZ. VET	EIWIT	KOOLHYD.	SUIKER	ZOUT	VEZELS
363 kcal	26,7 g	9,9 g	18,8 g	11,7 g	8,1 g	0,7 g	5,1 g

ASPERGES, EIEREN & FRANSE DRESSING

VOOR 2 PERSONEN | BEREIDINGSTIJD MAAR 15 MINUTEN

½ kleine rode ui

4 grote eieren

350 g groene asperges

½ bos verse dragon (15 g)

2 volle tl dijonmosterd

Pel de rode ui, snijd hem in flinterdunne ringen, doe ze in een kom en maak ze aan met 4 eetlepels rodewijnazijn en een flinke snuf zeezout. Leg de eieren voorzichtig in een pan kokend water en kook ze exact 5½ minuut. Leg de asperges netjes naast elkaar en verwijder het houtachtige uiteinde. Doe de aspergestelen in een vergiet en stoom ze afgedekt op de pan met eieren. Pluk intussen de dragonblaadjes.

Klop de mosterd en 6 eetlepels extra vergine olijfolie geleidelijk door elkaar. Giet door een fijne zeef al kloppend de azijn van de rode ui erbij. Proef en breng de dressing op smaak met zwarte peper.

Verdeel de asperges wanneer ze klaar zijn over de borden. Laat de eieren onder de koude kraan schrikken tot ze voldoende afgekoeld zijn om beet te pakken. Pel ze, snijd ze doormidden, leg ze op de asperges en strooi de dragon en rode ui erover. Sprenkel 1 eetlepel van de dressing over elk portie (bewaar de rest voor een andere keer), strooi er uit de hoogte een snufje peper op en ga meteen aan tafel.

CALORIEËN	VET	VERZ. VET	EIWIT	KOOLHYD.	SUIKER	ZOUT	VEZELS
302 kcal	22,7 g	4,8 g	19,7 g	6 g	4,9 g	0,9 g	3,5 g

PORTOBELLO'S MET KNOFLOOK UIT DE OVEN

VOOR 2 PERSONEN | BEREIDINGSTIJD 30 MINUTEN

4 tenen knoflook

½ bos verse salie (15 g)

350 g rijpe, verschillend gekleurde kerstomaatjes

4 grote portobello's

40 g cheddar of Goudse kaas

Verwarm de oven voor tot 200 °C (gasovenstand 6). Pel de tenen knoflook en snijd ze in flinterdunne plakjes. Pluk de salieblaadjes en snijd de kerstomaatjes doormidden. Pel de portobello's en bewaar de schilletjes. Strooi de hele boel (inclusief de schilletjes) in een braadslede van 25 x 30 cm, sprenkel er 1 eetlepel (van elk) olijfolie en rodewijnazijn bij, voeg een snufje zeezout en zwarte peper toe en schep alles om. Zet twaalf mooie plakjes knoflook en salieblaadjes opzij, leg de portobello's met de steeltjes naar boven op de tomaatjes en bak ze zo 10 minuten in de oven.

Haal de slede uit de oven en verkruimel de kaas in de portobello's. Strooi de apart gehouden plakjes knoflook en salieblaadjes erover en zet de slede nog 15 minuten terug in de oven, of tot de kaas gesmolten en alles mooi goudbruin is. Aan tafel!

CALORIEËN	VET	VERZ. VET	EIWIT	KOOLHYD.	SUIKER	ZOUT	VEZELS
211 kcal	15,2 g	5,8 g	10,1 g	8,9 g	5,9 g	0,9 g	3,4 g

EASY RUSTIEKE GNOCCHI

VOOR 2 PERSONEN | BEREIDINGSTIJD 30 MINUTEN

400 g kruimige aardappels

350 g groene asperges

50 g bloem

½ bos verse tijm (15 g)

50 g parmezaan

Was de aardappels, snijd ze in stukjes van 3 cm en kook ze 12 minuten in een grote pan gezouten kokend water, of tot ze zacht zijn. Leg intussen de asperges netjes naast elkaar, verwijder het houtachtige uiteinde en snijd de aspergestelen in 1 cm dikke plakjes, maar laat de topjes heel.

Laat de aardappels uitlekken en 2 minuten uitdampen, doe ze terug in de pan en stamp ze fijn. Proef, breng de puree op smaak met zeezout en zwarte peper en schep de puree op een schoon werkvlak. Vul de pan met kokend water uit de ketel en zet hem op hoog vuur. Werk de bloem met de hand door de puree en verdeel het mengsel in 24 porties. Druk de porties stevig aan in je handpalm, maak er kleine, grillige gnocchi van en kook ze 1 minuut, tot ze boven komen drijven.

Doe intussen de asperges in een grote koekenpan met antiaanbaklaag met 1 eetlepel olijfolie en bak ze op matig laag vuur onder regelmatig roeren. Pluk de meeste tijmblaadjes, doe ze in de pan en schep de gnocchi er met een schuimspaan bij. Rasp het grootste deel van de parmezaan erover en hussel de gnocchi met 100 ml water om de saus te emulgeren. Proef, voeg naar smaak zeezout en zwarte peper toe en schep de borden vol. Rasp de resterende parmezaan erover. Pluk de rest van de tijmblaadjes en voeg ze toe. Maak de porties af met een klein scheutje extra vergine olijfolie.

CALORIEËN	VET	VERZ. VET	EIWIT	KOOLHYD.	SUIKER	ZOUT	VEZELS
434 kcal	16 g	6 g	21,3 g	54,5 g	6 g	0,5 g	6,4 g

WAANZINNIGE BIETJES

VOOR 4 PERSONEN | BEREIDINGSTIJD 27 MINUTEN

600 g rauwe, verschillend gekleurde babybietjes, liefst met blaadjes

4 clementines of mandarijnen

½ bos verse dragon (15 g)

100 g verkruimelde geitenkaas

40 g ongezouten halve walnoten

Houd een paar mooie, kleine blaadjes van de bietjes apart, snijd de grotere bietjes doormidden en kook ze 15 tot 20 minuten in een pan gezouten kokend water, of tot ze zacht zijn. Pers intussen het sap van één clementine in een grote kom en meng het met 1 eetlepel extra vergine olijfolie en een flinke scheut rodewijnazijn. Pel de overige clementines, snijd ze in dunne schijfjes en verdeel ze over de borden.

Giet de bietjes af en spoel ze onder de koude kraan tot ze genoeg afgekoeld zijn om de velletjes eraf te wrijven. Snijd ze doormidden (en eventueel ook een paar in plakjes) en hussel ze door de dressing. Proef en breng op smaak met zeezout en zwarte peper. Pluk de dragonblaadjes, doe ze erbij, voeg de apart gehouden bietenblaadjes toe en hussel goed. Schep de bietjes op de borden, verkruimel de geitenkaas en walnoten erover en besprenkel met een paar drupjes extra vergine olijfolie.

CALORIEËN	VET	VERZ. VET	EIWIT	KOOLHYD.	SUIKER	ZOUT	VEZELS
263 kcal	18,1 g	5,9 g	9,8 g	16,1 g	14,9 g	0,6 g	3,7 g

PAPPA AL POMODORO

VOOR 4 PERSONEN | BEREIDINGSTIJD 21 MINUTEN

4 tenen knoflook

1 bos vers basilicum (30 g)

2 blikjes (400 g elk) gepelde tomaten

270 g oudbakken ciabatta

40 g parmezaan

Pel de tenen knoflook, snijd ze in flinterdunne plakjes en bak ze in 1 eetlepel olijfolie in een grote pan op matig vuur onder regelmatig roeren. Pluk de basilicumblaadjes, doe de kleinste in een kommetje koud water voor later en de rest bij de knoflook in de pan. Giet voordat de plakjes knoflook bruin worden de tomaten en 2 blikjes water in de pan, voeg naar smaak zeezout en zwarte peper toe, druk de tomaten stuk en breng ze aan de kook.

Scheur het oudbakken brood erbij en laat het mengsel 5 minuten op laag vuur pruttelen, tot het lekker dik is. Rasp de parmezaan, roer hem erdoor, proef en voeg naar smaak zeezout en zwarte peper toe. Schep de kommen vol, strooi de apart gehouden kleine basilicumblaadjes erover en sprenkel 1 eetlepel goede extra vergine olijfolie in elke kom. Helemaal top.

CALORIEËN	VET	VERZ. VET	EIWIT	KOOLHYD.	SUIKER	ZOUT	VEZELS
357 kcal	15,5 g	3,7 g	13,3 g	44 g	9,9 g	1,3 g	3,8 g

ZOETE AARDAPPELS MET CAJUNKRUIDEN

VOOR 4 PERSONEN | VOORBEREIDING 9 MINUTEN | 1 UUR IN DE OVEN

4 zoete aardappels van 250 g elk

1 bol knoflook

1 volle tl cajunkruiden

200 ml Griekse yoghurt

4 lente-uitjes

Verwarm de oven voor tot 180 °C (gasovenstand 4). Schrob de zoete aardappels en snijd ze in 3 cm dikke plakjes. Doe ze in een braadslede van 25 x 30 cm, voeg de ongepelde bol knoflook, 1 eetlepel (van elk) olijfolie en rodewijnazijn, een snufje zeezout en zwarte peper en de cajunkruiden toe en schep alles om. Spreid de aardappels in een egale laag uit en bak ze 1 uur in de oven, of tot ze zacht, goudbruin en gekaramelliseerd zijn.

Knijp wanneer de aardappels klaar zijn de zachte, romige tenen knoflook uit hun velletje, doe ze bij de yoghurt, prak ze erdoor en breng het mengsel op smaak met zeezout en zwarte peper. Maak de lente-uitjes schoon en snijd ze in dunne ringetjes. Schep de knoflookyoghurt op de borden, stapel er een hoopje zoete aardappel op en besprenkel met ½ eetlepel extra vergine olijfolie. Strooi de lente-uitjes erover, zet de borden op tafel en laat het feest maar beginnen!

CALORIEËN	VET	VERZ. VET	EIWIT	KOOLHYD.	SUIKER	ZOUT	VEZELS
346 kcal	10,6 g	4 g	6,6 g	59,7 g	18,6 g	1,1 g	0,1 g

ERWTJES, TUINBONEN, RODE PEPER & MUNT

VOOR 2-4 PERSONEN | BEREIDINGSTIJD MAAR 10 MINUTEN

½ bos verse munt (15 g)

200 g vers gedopte of diepvriestuinbonen

200 g vers gedopte of diepvrieserwten

1 verse rode peper

1 citroen

Scheur de bovenste helft van de bos munt, doe de steeltjes met de tuinbonen en doperwten in een pan gezouten kokend water en kook ze 4 minuten. Snijd intussen de rode peper doormidden, verwijder de zaadjes en hak hem samen met de muntblaadjes fijn. Doe het fijngehakte mengsel in een kom, rasp er een beetje citroenschil over en pers al het sap erbij. Voeg 2 eetlepels extra vergine olijfolie toe, meng alles goed, proef en breng het mengsel op smaak met zeezout en zwarte peper.

Giet de tuinbonen en doperwten af, vang een kopje van het kookwater op en gooi de steeltjes van de munt weg. Pel de velletjes van de grotere tuinbonen, kieper de boontjes en doperwten op een schaal, hussel ze door een paar scheutjes van het kookwater en schep de dressing erbij. Besprenkel met 1 eetlepel extra vergine olijfolie en hussel de boel vlak voor het serveren nog een keer goed.

CALORIEËN	VET	VERZ. VET	EIWIT	KOOLHYD.	SUIKER	ZOUT	VEZELS
209 kcal	20,4 g	3,2 g	13,1 g	19,5 g	4,2 g	0,5 g	11,7 g

STICKY AUBERGINE TERIYAKI

VOOR 2 PERSONEN | BEREIDINGSTIJD 20 MINUTEN

1 grote aubergine (400 g)

4 lente-uitjes

1 verse rode of gele peper

20 g ongezouten pinda's

2 el teriyakisaus

Zet een koekenpan met antiaanbaklaag (26 cm doorsnede) met 250 ml water op hoog vuur. Snijd de aubergine in de lengte doormidden, kerf de schil van elke helft een paar keer in, leg ze met de schil naar boven in de pan en strooi er zeezout en zwarte peper op. Leg een deksel op de pan en kook de auberginehelften 10 minuten, tot ze droogkoken en beginnen te sissen (luister goed of het geluid verandert). Maak intussen de lente-uitjes schoon, snijd het wit diagonaal in stukjes van 3 cm en zet ze opzij. Snijd de peper in de lengte doormidden, verwijder de zaadjes en snijd hem samen met het groen van de lente-ui in sliertjes. Zet de sliertjes in een kommetje ijswater opzij om ze knapperig te laten worden.

Giet zodra de auberginehelften beginnen te sissen 1 eetlepel olijfolie in de pan, voeg het wit van de lente-ui en de pinda's toe en bak ze onder regelmatig roeren. Giet er na 2 minuten een scheutje water bij, sprenkel de teriyakisaus erover en zet het vuur halfhoog. Keer de auberginehelften om, schud de pan een paar keer en laat ze nog een paar minuten op het vuur staan om lekker kleverig te worden. Schep de auberginehelften op de borden en strooi de uitgelekte sliertjes lente-ui en peper erover.

CALORIEËN	VET	VERZ. VET	EIWIT	KOOLHYD.	SUIKER	ZOUT	VEZELS
181 kcal	12 g	2 g	5,2 g	13,3 g	11,1 g	1,4 g	0 g

RUND

WEERGALOZE RIBEYE

VOOR 4 PERSONEN | BEREIDINGSTIJD 26 MINUTEN

1 ribeye van 600 g (liefst 5 cm dik), zonder vetrandjes

4 takjes verse rozemarijn

4 tenen knoflook

350 g gemengde paddenstoelen

660 g witte bonen uit een pot

Zet een grote koekenpan met antiaanbaklaag op matig hoog vuur. Wrijf de ribeye in met een snufje zeezout en zwarte peper en bak hem in totaal 10 minuten rondom aan, zodat het vlees vanbuiten bruin maar vanbinnen nog mooi rood is (als je hem liever well done hebt, moet je hem iets langer bakken). Draai het vlees regelmatig om met een keukentang.

Ris intussen de rozemarijnnaaldjes van de takjes, pel de tenen knoflook en snijd ze in dunne plakjes en scheur de grotere paddenstoelen in stukjes. Leg de ribeye wanneer hij naar wens is op een bord en dek hem af met aluminiumfolie. Draai het vuur onder de pan halfhoog en bak de rozemarijnnaaldjes in circa 30 seconden krokant. Doe de knoflook en paddenstoelen erbij en bak ze 8 minuten mee onder regelmatig omscheppen, tot ze goudbruin zijn. Giet de bonen met vocht en al erbij, voeg 1 eetlepel rodewijnazijn toe, laat de bonen 5 minuten pruttelen en breng ze op smaak met zeezout en zwarte peper. Leg de ribeye op de bonen en giet het vleessap van het bord erover. Snijd het vlees aan tafel in plakjes, verdeel ze over de borden en sprenkel er als je wilt een paar drupjes extra vergine olijfolie over.

CALORIEËN	VET	VERZ. VET	EIWIT	KOOLHYD.	SUIKER	ZOUT	VEZELS
501 kcal	30,8 g	13,6 g	37,3 g	19,7 g	1,8 g	0,7 g	6,3 g

SHAKIN' BEEF MET GEMBER

VOOR 2 PERSONEN | BEREIDINGSTIJD 16 MINUTEN

300 g lendenbiefstuk (liefst 1½ cm dik)

4 cm verse gemberwortel

1 el misopasta

2 tl vloeibare honing

250 g paksoi

Snijd het vet van de lendenbiefstuk in kleine blokjes, strooi ze in een koude koekenpan met antiaanbaklaag en bak ze op matig hoog vuur krokant. Schil intussen de gemberwortel, snijd hem in luciferdunne reepjes en bak ze met de blokjes vet mee tot ze ook krokant zijn. Ontdoe het vlees van zenen, snijd het vlees in blokjes van 3 cm en hussel ze door de misopasta tot er rondom een laagje op zit. Schep de uitgebakken blokjes vet en de reepjes gember op een bordje. Doe de blokjes vlees in de pan en bak ze 4 minuten onder regelmatig omscheppen. Besprenkel ze met de honing en 1 eetlepel rodewijnazijn en bak ze al omscheppend nog 1 minuut, tot ze glanzen en heerlijk kleverig zijn.

Snijd intussen de stronkjes paksoi doormidden, blancheer ze 1 minuut in een pan kokend water zodat ze lekker knapperig blijven, giet ze af en leg ze op de borden. Schep de blokjes vlees en de kleverige saus uit de pan erop en strooi de krokant gebakken blokjes vet en reepjes gember erover.

CALORIEËN	VET	VERZ. VET	EIWIT	KOOLHYD.	SUIKER	ZOUT	VEZELS
373 kcal	19,8 g	8,4 g	35,7 g	13,4 g	9,9 g	1,1 g	2,9 g

SISSENDE RUNDERBIEFSTUK

VOOR 2 PERSONEN | BEREIDINGSTIJD 30 MINUTEN

2 grote aubergines (800 g in totaal)

300 g lendenbiefstuk (liefst 1½ cm dik)

2 tenen knoflook

300 g rijpe, verschillend gekleurde kerstomaatjes

½ bos vers basilicum (15 g)

Prik gaatjes in de aubergines en zet ze 10 minuten in een afgedekte kom in de magnetron, of tot ze zacht zijn. Snijd intussen de vetrandjes van de lendenbiefstuk en leg ze in een grote, koude koekenpan met antiaanbaklaag. Zet de pan op matig hoog vuur en bak de vetrandjes uit. Roer regelmatig om er zo veel mogelijk vet aan te onttrekken. Ontdoe het vlees intussen van zenen en wrijf het in met een snufje zeezout en zwarte peper. Pel de tenen knoflook, snijd ze in dunne plakjes en snijd de kerstomaatjes doormidden.

Bak het vlees 2 minuten aan elke kant voor medium, of iets langer als je van wat meer doorbakken houdt, laat het even op een bord rusten en gooi de vetrandjes weg. Strooi de plakjes knoflook in de pan. Snijd de steeltjes van de aubergines, hak het vruchtvlees fijn en doe het met sap en al bij de knoflook. Voeg de tomaatjes toe en schep 2 minuten om. Doe het grootste deel van de basilicumblaadjes erbij en roer er 1 eetlepel rodewijnazijn door. Proef, voeg naar smaak zeezout en zwarte peper toe en verdeel het mengsel over de borden.

Snijd het vlees in plakjes, leg ze op het auberginemengsel, bestrooi met de laatste basilicumblaadjes en sprenkel er 1 theelepel extra vergine olijfolie en het vleessap over.

CALORIEËN	VET	VERZ. VET	EIWIT	KOOLHYD.	SUIKER	ZOUT	VEZELS
386 kcal	22,1 g	9 g	36,5 g	11 g	9,5 g	0,8 g	1,9 g

ITALIAANSE GESCHROEIDE STEAK

VOOR 2 PERSONEN | BEREIDINGSTIJD MAAR 10 MINUTEN

1 el pijnboompitten

250 g rump steak

2 volle tl groene pesto

40 g rucola

15 g parmezaan

Zet een grote koekenpan met antiaanbaklaag op hoog vuur. Strooi de pijnboompitten erin, rooster ze onder regelmatig omscheppen goudbruin en schep ze uit de pan. Snijd het vetrandje van de steak, snijd het in kleine blokjes en bak ze uit terwijl je het vlees ontdoet van zenen. Bestrooi het vlees met zeezout en zwarte peper, leg het tussen twee vellen bakpapier en sla het met een deegroller uit tot een dikte van 1 cm (daar wordt het vlees ook extra mals van). Schep de krokant gebakken blokjes vet op een schaaltje en bak de steak 1 minuut aan elke kant, of tot hij goudbruin en vanbinnen mooi roze is. Leg de steak op een bord en zet opzij.

Strijk de pesto uit op een serveerschaal, snijd de steak diagonaal in dunne plakjes en verdeel ze over de pesto. Leg de rucolablaadjes op een hoopje op het vlees en strooi de pijnboompitten en, als je wilt, de uitgebakken blokjes vet erover. Roer 1 eetlepel extra vergine olijfolie door het vleessap en sprenkel het mengsel erover. Schaaf de parmezaan erbij en schep de boel vlak voor het serveren door elkaar.

CALORIEËN	VET	VERZ. VET	EIWIT	KOOLHYD.	SUIKER	ZOUT	VEZELS
321 kcal	21,1 g	5,3 g	32,2 g	0,7 g	0,5 g	1 g	0,3 g

KLIEDERIGE BROODJES BAL

VOOR 4 PERSONEN | BEREIDINGSTIJD 21 MINUTEN

400 g mager rundergehakt

8 volle tl groene pesto

1 blikje (400 g) gepelde tomaten

1 bol mozzarella van 125 g

4 zachte hamburgerbroodjes

Werk met schone handen het gehakt, de pesto en een flinke snuf zeezout en zwarte peper door elkaar. Verdeel het gehakt in twaalf porties en draai er met natte handen balletjes van. Zet een koekenpan met antiaanbaklaag op hoog vuur, braad de balletjes in 1 eetlepel olijfolie en schud de pan regelmatig tot ze rondom bruin zijn.

Doe de tomaten erbij wanneer de balletjes lekker krokant en bruin zijn, druk ze met een houten lepel stuk en roer er een kwart blikje water door. Breng de saus aan de kook, snijd de mozzarella in plakjes, leg ze op de balletjes en laat de saus afgedekt 5 minuten inkoken op matig vuur. Verwarm intussen de broodjes in een grote, droge koekenpan met antiaanbaklaag of in een matig warme oven.

Snijd de broodjes open en besmeer ze elk met 1 volle theelepel pesto. Verdeel de balletjes met mozzarella over de broodjes, schep er een lepel saus op en serveer de rest er in een schaaltje bij om te dopen.

CALORIEËN	VET	VERZ. VET	EIWIT	KOOLHYD.	SUIKER	ZOUT	VEZELS
495 kcal	24 g	8,5 g	35,5 g	35,5 g	5,8 g	2 g	2,4 g

STEAK SANDWICH

VOOR 2 PERSONEN | BEREIDINGSTIJD MAAR 14 MINUTEN

250 g lendenbiefstuk (liefst 1½ cm dik)

1 grote ui

2 tl Amerikaanse mosterd

4 sneden goed brood van 50 g elk

50 g provolone of fontina, in plakjes

Snijd het vet van de lendenbiefstuk in dunne plakjes en strooi ze in een grote, koude koekenpan met antiaanbaklaag. Zet de pan op matig hoog vuur en schud de plakjes tijdens het opwarmen regelmatig om er zo veel mogelijk vet aan te onttrekken. Pel intussen de ui en snijd hem in 1 cm dikke ringen. Leg de uienringen in de pan, bak ze 5 minuten, keer ze om en bak de andere kant ook 5 minuten, tot beide kanten goudbruin zijn. Ontdoe intussen het vlees van zenen, leg het tussen twee vellen bakpapier en sla het met je vuist tot een dikte van iets minder dan 1 cm. Strooi er een snufje zeezout en zwarte peper over, bestrijk het vlees rondom met de mosterd en snijd het in twee gelijke stukken.

Giet een flinke scheut rodewijnazijn bij de uienringen, schep het mengsel 1 minuut om en verdeel het over 2 sneden brood; laat de pan op het vuur staan. Bak stukken vlees 40 seconden aan elke kant in de hete pan, snijd ze in plakjes, leg de plakjes kaas erop en laat deze afgedekt in 40 seconden smelten. Schep het vlees op de uienringen, leg de andere sneden brood erop, sprenkel er een klein beetje extra vergine olijfolie over en smullen maar.

CALORIEËN	VET	VERZ. VET	EIWIT	KOOLHYD.	SUIKER	ZOUT	VEZELS
635 kcal	25,5 g	12,6 g	42,3 g	59,4 g	8,5 g	2,9 g	3,4 g

REUSACHTIG LEKKERE RUNDERSTOOF

VOOR 4 PERSONEN | VOORBEREIDING 9 MINUTEN | 2 UUR IN DE OVEN

4 verschillend gekleurde paprika's

1 volle tl piment

600 g magere runderstooflappen

10 verse laurierblaadjes

8 tenen knoflook

Verwarm de oven voor tot 160 °C (gasovenstand 3) en zet een grote, ondiepe ovenbestendige pan op hoog vuur. Verwijder de zaadjes uit de paprika's, snijd ze in reepjes en doe ze met 1 eetlepel olijfolie, een snufje zeezout en zwarte peper en de piment in de pan. Snijd het vlees in ongeveer even grote stukjes en roer ze er met de laurierblaadjes door. Pers de ongepelde tenen knoflook erboven en blijf alles 2 minuten regelmatig omscheppen.

Voeg 2 eetlepels rodewijnazijn en 500 ml water toe, leg een deksel op de pan en zet hem 2 uur in de oven, of tot het vlees donkerbruin en heerlijk kleverig is. Maak de stoof zo nodig aan met een scheutje water, proef, voeg naar smaak zeezout en zwarte peper toe en ga aan tafel.

CALORIEËN	VET	VERZ. VET	EIWIT	KOOLHYD.	SUIKER	ZOUT	VEZELS
264 kcal	9,2 g	2,8 g	36,2 g	9,8 g	6,8 g	0,8 g	3,6 g

RUNDERCARPACCIO MET DUKKAH

VOOR 4 OF 8 PERSONEN | BEREIDINGSTIJD MAAR 12 MINUTEN

een stuk ossenhaas van 500 g

300 g radijsjes

1 granaatappel

2 ingelegde citroenen van 20 g elk

1 volle el dukkah

Wrijf de ossenhaas rondom in met ½ eetlepel olijfolie en een snufje zeezout en zwarte peper. Zet een koekenpan met antiaanbaklaag op hoog vuur, braad de ossenhaas in 3 minuten rondom aan en leg hem op een snijplank.

Snijd de radijsjes in dunne plakjes en houd een paar mooie blaadjes apart. Snijd de granaatappel doormidden, houd een helft met de snijkant boven een kom en sla met een lepel de pitjes eruit. Pers het sap van de andere helft door een zeef in een ander kommetje. Snijd de ingelegde citroenen in kwarten en verwijder het vruchtvlees met de pitjes. Hak de schilletjes fijn, doe ze met 1 eetlepel (van elk) extra vergine olijfolie en rodewijnazijn bij het granaatappelsap en breng de dressing op smaak met zeezout en zwarte peper.

Snijd de ossenhaas in zo dun mogelijke plakjes; gebruik de zijkant van je mes om de plakjes plat te drukken en uit te rekken. Verdeel ze over de borden, strooi de plakjes radijs en de blaadjes erop en besprenkel met de dressing. Strooi de dukkah en granaatappelpitjes erover en maak de carpaccio af met een scheutje extra vergine olijfolie.

CALORIEËN	VET	VERZ. VET	EIWIT	KOOLHYD.	SUIKER	ZOUT	VEZELS
265 kcal	15,2 g	5,6 g	27,3 g	4,3 g	3,6 g	1,1 g	0,8 g

SUPERMALS RUNDVLEES MET MOSTERD

VOOR 6 PERSONEN | VOORBEREIDING 8 MINUTEN | 4 UUR IN DE OVEN

900 g runderschenkel, zonder bot (vraag het bot er wel apart bij)

500 g worteltjes

2 uien

120 ml worcestersaus

2 volle tl grove mosterd

Verwarm de oven voor tot 160 °C (gasovenstand 3). Zet een grote braadpan en een grote koekenpan met antiaanbaklaag op hoog vuur. Snijd de runderschenkel in blokjes van 5 cm, schep ze om met een flinke snuf zeezout en zwarte peper en bak ze samen met het bot 8 minuten in de droge koekenpan.

Was de worteltjes, maak ze schoon, snijd ze in stukjes van 5 cm en doe ze met 1 eetlepel olijfolie in de braadpan. Pel de uien, snijd ze in kwarten, trek de laagjes los en strooi ze al roerend bij de worteltjes in de pan. Kieper de blokjes vlees wanneer ze mooi bruin zijn in de braadpan, roer de worcestersaus en mosterd erdoor en giet er 800 ml kokend water uit de ketel bij.

Leg een deksel op de pan en zet hem 4 uur in de oven, of tot het vlees supermals is. Maak de stoof zo nodig aan met een scheutje water, proef, voeg naar smaak zeezout en zwarte peper toe en schep de kommen vol.

CALORIEËN	VET	VERZ. VET	EIWIT	KOOLHYD.	SUIKER	ZOUT	VEZELS
348 kcal	18 g	6,4 g	34 g	13,4 g	11,8 g	1,5 g	1,6 g

LEVER, BACON EN UIEN

VOOR 1 PERSOON | BEREIDINGSTIJD MAAR 15 MINUTEN

½ rode ui

2 takjes verse salie

1 snee zuurdesembrood (50 g)

1 plakje gerookte doorregen bacon of ontbijtspek

een plak van 125 g kalfslever

Pel de rode ui, snijd hem in flinterdunne ringen en doe ze met 1 theelepel olijfolie in een grote koekenpan met antiaanbaklaag op matig hoog vuur. Pluk de salieblaadjes, houd er 2 apart en doe de rest in de pan. Bak de uienringen en salieblaadjes 5 minuten onder regelmatig omscheppen.

Schuif de uienringen aan de kant en rooster de snee brood en het plakje bacon in de pan; draai ze om zodra ze krokant zijn. Sprenkel wat rodewijnazijn over de zachte, goudbruine uienringen, schep ze met een keukentang door elkaar en leg ze op het brood zodat ze niet aanbakken. Leg het plakje bacon op de uienringen.

Strooi een klein snufje zeezout en zwarte peper op de lever en bak hem 1 minuut aan elke kant, tot de buitenkant mooi goudbruin maar de binnenkant nog roze is. Leg de 2 apart gehouden salieblaadjes erbij, bak ze heel kort in 1 theelepel olijfolie tot ze krokant zijn en ga meteen aan tafel.

CALORIEËN	VET	VERZ. VET	EIWIT	KOOLHYD.	SUIKER	ZOUT	VEZELS
362 kcal	13,1 g	3 g	29 g	32,2 g	5,9 g	1,1 g	2,5 g

RENDANG MET BLOEMKOOLRIJST

VOOR 4 PERSONEN | BEREIDINGSTIJD 24 MINUTEN

500 g mager rundergehakt

1 bloemkool (800 g)

1 volle tl rendang- of boemboepoeder

1 bos verse munt (30 g)

1 blikje (400 ml) kokosmelk light

Doe het gehakt met 1 eetlepel olijfolie in een ondiepe braadpan op hoog vuur en bak het al roerend rul. Trek de lelijke buitenste bladeren van de bloemkool, gooi ze weg en doe de mooie blaadjes in een keukenmachine. Snijd de bloemkool doormidden, breek een helft in stukjes en doe ze bij de blaadjes in de machine. Snijd de andere helft in kleine roosjes, doe ze bij het gehakt in de pan en gooi de steeltjes in de keukenmachine. Roer het rendangpoeder door het mengsel in de pan en bak het geheel 10 minuten onder regelmatig roeren, tot alles krokant is.

Pluk intussen de helft van de muntblaadjes, doe ze in de keukenmachine, voeg een snufje zeezout en zwarte peper toe en maal er een fijn, korrelig mengsel van. Doe het mengsel in een hittebestendige kom, dek de kom af en zet hem 4 tot 5 minuten in de magnetron. Pluk de rest van de muntblaadjes, houd de kleinste apart en doe de rest in de pan. Hussel alles goed en giet de kokosmelk en een half blikje water erbij. Breng aan de kook en laat nog 5 minuten pruttelen. Proef, breng de rendang op smaak met zeezout en zwarte peper en strooi de kleine muntblaadjes erover. Schep de bloemkoolrijst even goed om en zet hem in de kom op tafel.

CALORIEËN	VET	VERZ. VET	EIWIT	KOOLHYD.	SUIKER	ZOUT	VEZELS
333 kcal	16 g	8,5 g	33,7 g	12,5 g	8,2 g	0,9 g	4,1 g

VLUGGE ROERBAKSTEAK

VOOR 2 PERSONEN | BEREIDINGSTIJD 16 MINUTEN

4 tenen knoflook

4 cm verse gemberwortel

350 g groene asperges

2 haasbiefstukjes van 125 g elk

2 el zwartebonensaus

Pel de tenen knoflook, schil de gemberwortel en snijd beide in flinterdunne plakjes. Doe ze met 1 eetlepel olijfolie in een grote, koude koekenpan met antiaanbaklaag op matig vuur en bak ze onder regelmatig roeren goudbruin en krokant. Schep ze uit de pan, waarbij je de knoflookolie in de pan achterlaat, en zet ze opzij. Leg de asperges netjes naast elkaar, verwijder het houtachtige uiteinde en leg de stelen in de hete pan. Strooi een snufje zeezout en zwarte peper over de biefstukjes, leg ze naast de asperges in de pan, zet het vuur hoog en bak ze 3 minuten onder regelmatig keren.

Doe de zwartebonensaus en 1 eetlepel rodewijnazijn erbij en hussel de boel 1 minuut – de biefstukjes zijn nu medium-rare gebakken, maar als je ze liever wat meer doorbakken hebt moet je ze iets langer laten garen. Snijd het vlees in plakjes, verdeel ze met de asperges over de borden en bestrooi met de krokante plakjes knoflook en gember.

CALORIEËN	VET	VERZ. VET	EIWIT	KOOLHYD.	SUIKER	ZOUT	VEZELS
325 kcal	17,9 g	6 g	32,6 g	8,5 g	5,1 g	0,9 g	0,5 g

VARKEN

IDIOOT LEKKERE VARKENSBURGER

VOOR 1 PERSOON | BEREIDINGSTIJD 16 MINUTEN

1 rijpe, zoete peer

50 g gemengde spinazie, rucola & waterkers

150 g varkensgehakt

1 zacht hamburgerbroodje

30 g blauwe kaas

Snijd de peer in de lengte in zo dun mogelijke plakjes en schep ze om met de groene blaadjes, een snufje zwarte peper en een paar drupjes extra vergine olijfolie en rodewijnazijn. Werk met schone handen het gehakt met een snufje zeezout en zwarte peper door elkaar en kneed er een 1 cm dikke burger van. Wrijf de burger in met olijfolie en bak hem 2 minuten in een grote koekenpan met antiaanbaklaag op hoog vuur. Snijd het broodje open, leg beide helften naast de burger in de pan en haal ze eruit wanneer ze goudbruin zijn.

Draai de burger om en verkruimel na 2 minuten de blauwe kaas ernaast. Schep de burger op de gesmolten kaas, schud de pan een beetje om het vlees een kaaslaagje te geven en schep hem op de onderste helft van het broodje. Stapel er zo veel mogelijk van de plakjes peer en groene blaadjes op, dek af met de bovenste helft van het broodje, druk de boel stevig aan en zet de burger op tafel. Geef de rest van de salade er apart bij.

CALORIEËN	VET	VERZ. VET	EIWIT	KOOLHYD.	SUIKER	ZOUT	VEZELS
669 kcal	34,5 g	12,9 g	42,3 g	50,7 g	19,3 g	2,5 g	6,8 g

WORSTJES MET APPEL UIT DE OVEN

VOOR 4 PERSONEN | VOORBEREIDING 9 MINUTEN | 35 MINUTEN IN DE OVEN

2 grote rode uien

2 handappels

4 pastinaken

12 chipolataworstjes

1 el vloeibare honing

Verwarm de oven voor tot 180 °C (gasovenstand 4) en zet een grote ovenbestendige koekenpan met antiaanbaklaag op matig hoog vuur. Pel de uien, snijd ze in kwarten, trek de laagjes uit elkaar en strooi ze meteen in de pan; schep ze regelmatig om. Voeg 1 eetlepel olijfolie en een snufje zeezout en zwarte peper toe. Snijd de appels in vieren, verwijder de klokhuizen, doe de partjes in de pan en schep om. Snijd de pastinaken met een dunschiller in lange linten. Roer 1 eetlepel rodewijnazijn door het mengsel in de pan en leg de pastinaaklinten erop.

Leg de worstjes op de pastinaak, sprenkel er 1 eetlepel olijfolie over en strooi er uit de hoogte een snufje zwarte peper op. Zet de pan 30 minuten in de oven, neem hem eruit, sprenkel de honing erover en zet hem nog 5 minuten terug, of tot alles goudbruin en krokant is.

CALORIEËN	VET	VERZ. VET	EIWIT	KOOLHYD.	SUIKER	ZOUT	VEZELS
489 kcal	28,8 g	7,9 g	22,4 g	36,4 g	24,8 g	1,8 g	10,6 g

VARKENSHAAS & PUREEGRATIN

VOOR 4 PERSONEN | BEREIDINGSTIJD 30 MINUTEN

800 g aardappels

een varkenshaas van 400 g

2 takjes verse salie

40 g cheddar of Goudse kaas

4 plakjes prosciutto

Verwarm de grill voor op de hoogste stand. Was de aardappels, snijd ze in stukjes van 3 cm en kook ze 12 minuten in een grote afgedekte pan gezouten kokend water, of tot ze gaar zijn. Zet intussen een ondiepe braadpan met 1 eetlepel olijfolie op hoog vuur. Wrijf de varkenshaas rondom in met zeezout en zwarte peper, leg hem in de pan en bak hem 3 minuten onder regelmatig omkeren. Pluk ondertussen de salieblaadjes. Schep de varkenshaas op een bord, doe de salieblaadjes in de pan, roer ze 5 seconden door het vet, schep ze op een bord en neem de pan van het vuur.

Giet de piepers af en kieper ze in de braadpan. Rasp de helft van de kaas erover, doe er 1 eetlepel extra vergine olijfolie en zo nodig een scheutje water bij en stamp er een smeuïge puree van. Proef, breng de puree op smaak met zeezout en zwarte peper en strijk het oppervlak glad. Rasp de rest van de kaas erover, leg de varkenshaas op de puree en gratineer de boel 10 minuten onder de hete grill. Leg de plakjes prosciutto losjes om de varkenshaas heen, strooi de krokante salieblaadjes erover en zet de pan nog 2 minuten terug onder de grill, of tot het vlees naar wens is. Laat het vlees voor het aansnijden 2 minuten rusten. Eet smakelijk!

CALORIEËN	VET	VERZ. VET	EIWIT	KOOLHYD.	SUIKER	ZOUT	VEZELS
420 kcal	18,4 g	5,9 g	31 g	34,7 g	1,2 g	1,3 g	2,6 g

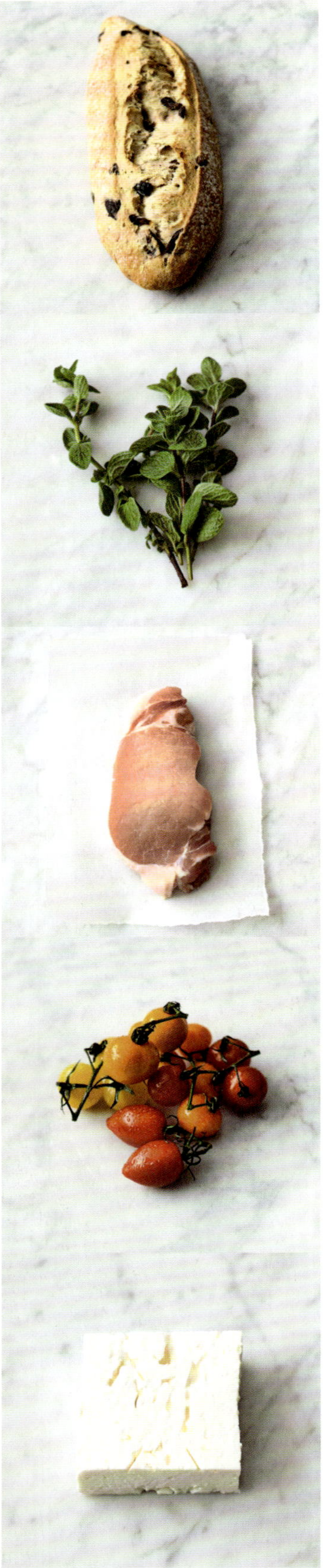

GOUDBRUINE VARKENSSCHNITZEL

VOOR 1 PERSOON | BEREIDINGSTIJD 16 MINUTEN

1 snee olijvenbrood (50 g)

4 takjes verse oregano

1 varkensfiletlapje van 125 g

100 g rijpe, verschillend gekleurde kerstomaatjes

10 g feta

Hak de brood en de helft van de oreganoblaadjes in een keukenmachine tot fijne kruimels. Leg het lapje vlees tussen twee vellen bakpapier en sla het met een deegroller tot een dikte van ½ cm. Wrijf beide kanten van het vlees in met de broodkruimels en sla er nog een paar keer op om de kruimels goed te laten hechten. Zet een grote koekenpan met antiaanbaklaag op matig hoog vuur en sprenkel er wanneer hij goed heet is 1 eetlepel olijfolie in. Bak de gepaneerde schnitzel 3 minuten aan elke kant, of tot hij donker goudbruin is.

Snijd intussen de kerstomaatjes doormidden en pluk de rest van de oreganoblaadjes. Schep de schnitzel op je bord en veeg de pan schoon met een prop keukenpapier. Doe de tomaatjes, oreganoblaadjes, ½ eetlepel olijfolie en 1 eetlepel rodewijnazijn in de pan en roer ze 1 minuut door elkaar. Proef, voeg naar smaak zeezout en zwarte peper toe, schep de tomaatjes op en naast de schnitzel en verkruimel de feta erover.

CALORIEËN	VET	VERZ. VET	EIWIT	KOOLHYD.	SUIKER	ZOUT	VEZELS
540 kcal	28,5 g	5,6 g	43,8 g	26 g	4,9 g	1,4 g	4,2 g

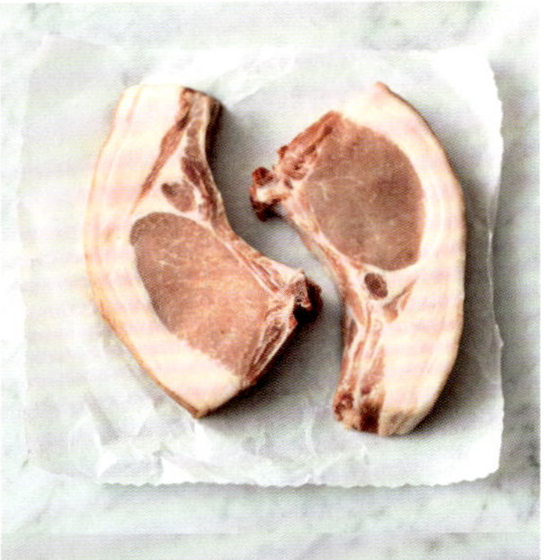

KARBONADES MET PERZIK

VOOR 2 PERSONEN | BEREIDINGSTIJD 28 MINUTEN

2 varkenskarbonades van 250 g elk, met zwoerd

4 tenen knoflook

2 takjes verse rozemarijn

410 g halve perziken in siroop uit blik

50 ml bourbon

Verwarm de grill voor op de hoogste stand. Snijd het zwoerd van de karbonades en kerf de vette kant ervan kruislings in. Leg het met het vel naar boven in een braadslede en bak het 5 minuten onder de hete grill, tot het heerlijk krokant is – houd het goed in de gaten. Wrijf de karbonades in met zeezout en zwarte peper, kerf de vetrandjes kruislings in en zet ze tegen elkaar aan – vetrandjes onder – in een grote, koude koekenpan met antiaanbaklaag. Zet de pan 3 tot 4 minuten op hoog vuur, tot de vetrandjes uitgebakken zijn; houd de karbonades zo nodig met een keukentang vast zodat ze optimaal contact met de pan houden. Leg de karbonades vervolgens rustig op hun kant en bak ze 5 minuten aan elke kant.

Pel intussen de tenen knoflook, snijd ze in dunne plakjes en ris de rozemarijnnaaldjes van de takjes. Leg de karbonades op een bord en giet 90 procent van het vet uit de pan in een potje voor een ander keer. Strooi de plakjes knoflook in de pan en bak ze onder regelmatig roeren goudbruin. Strooi de rozemarijnnaaldjes erbij en leg 4 halve perziken op de platte kant in de pan. Schud de pan tot de vruchten licht goudbruin zijn, leg de karbonades terug in de pan, giet de bourbon erbij en steek de drank aan met een lucifer (zet de afzuigkap uit en houd afstand!). Wacht tot de vlammen vanzelf doven, schep de karbonades en perziken op de borden en leg het uitgebakken zwoerd erbij.

CALORIEËN	VET	VERZ. VET	EIWIT	KOOLHYD.	SUIKER	ZOUT	VEZELS
545 kcal	32,1 g	11,8 g	29,4 g	21,7 g	20 g	0,8 g	0,1 g

KIKKERERWTEN MET SNIJBIET EN VARKENSHAAS

VOOR 4 PERSONEN | BEREIDINGSTIJD 29 MINUTEN

een varkenshaas van 400 g

480 g ingelegde geroosterde, gepelde rode paprika uit een pot

300 g verschillend gekleurde snijbiet

1 volle tl venkelzaad

660 g kikkererwten uit een pot

Zet een grote, ondiepe braadpan met 1 eetlepel olijfolie op hoog vuur. Wrijf de varkenshaas rondom in met zeezout en zwarte peper, braad hem 5 minuten aan en draai het vlees halverwege een keer om. Laat intussen de stukken paprika uitlekken en snijd ze in stukjes van 1 cm. Maak de snijbiet schoon en snijd de bladeren met steeltjes en al in smalle reepjes.

Schep de varkenshaas op een bord en doe het venkelzaad, de stukjes paprika en alle snijbiet in de pan. Roerbak ze 2 minuten, voeg de kikkererwten met vocht en al toe, roer alles goed door elkaar en breng aan de kook. Leg het stuk vlees zodanig terug in de pan dat het de bodem raakt, giet het vleessap van het bord erover, leg een deksel op de pan en laat de boel 12 minuten op matig vuur pruttelen, of tot het vlees net gaar is en heerlijk ruikt. Draai het vlees tussentijds een paar keer om.

Laat het vlees 2 minuten rusten, snijd het in plakjes, breng de kikkererwten op smaak met zeezout, zwarte peper en een scheutje rodewijnazijn, en sprenkel er wat extra vergine olijfolie over. Maak de borden op en ga aan tafel.

CALORIEËN	VET	VERZ. VET	EIWIT	KOOLHYD.	SUIKER	ZOUT	VEZELS
325 kcal	13,3 g	3,4 g	30,9 g	20,9 g	3,9 g	1 g	5,6 g

GEROERBAKTE STICKY VARKENSSCHOUDER

VOOR 4 PERSONEN | BEREIDINGSTIJD 18 MINUTEN

400 g varkensschouder

400 g verschillend gekleurde worteltjes

8 lente-uitjes

2 el teriyakisaus

2 el vloeibare honing

Zet een grote, ondiepe braadpan op hoog vuur. Snijd de varkensschouder in blokjes van 3 cm en doe ze met 1 eetlepel olijfolie en een snufje zeezout en zwarte peper in de pan. Maak de worteltjes schoon, snijd de grotere exemplaren doormidden, doe ze bij het vlees en bak het geheel 12 minuten onder regelmatig omscheppen, tot alles goudbruin is. Maak intussen de lente-uitjes schoon en snijd ze in ringetjes.

Blus af met een scheutje water en roer de lente-uitjes, teriyakisaus en honing erdoor. Laat het mengsel nog 3 minuten pruttelen onder regelmatig omscheppen, tot alles glanst en lekker sticky is. Proef, voeg naar smaak zeezout en zwarte peper toe en ga aan tafel.

CALORIEËN	VET	VERZ. VET	EIWIT	KOOLHYD.	SUIKER	ZOUT	VEZELS
332 kcal	20 g	5,9 g	19,2 g	20,1 g	19 g	1,3 g	3,9 g

STEVIGE BONENSCHOTEL MET WORSTJES

VOOR 4 PERSONEN | VOORBEREIDING 10 MINUTEN | KOOKTIJD 45 MINUTEN

600 g rijpe, verschillend gekleurde kerstomaatjes

4 tenen knoflook

200 g focaccia met rozemarijn

660 g witte bonen uit een pot

12 chipolataworstjes

Verwarm de oven voor tot 180 °C (gasovenstand 4). Snijd de kerstomaatjes doormidden. Pel de tenen knoflook en snijd ze in dunne plakjes. Scheur het brood in hapklare stukjes en strooi ze in een braadslede van 30 x 35 cm. Giet de bonen met vocht en al erbij, sprenkel er 1 eetlepel (van elk) olijfolie en rodewijnazijn over, giet er een scheutje water bij en meng alles goed. Draai elk chipolataworstje in het midden een paar slagen om er twee kleine worstjes van te maken, leg ze een beetje willekeurig op de bonen en tomaatjes en druk ze er een beetje in.

Bak de bonenschotel 45 minuten in de oven, of tot alles mooi goudbruin is en heerlijk pruttelt.

CALORIEËN	VET	VERZ. VET	EIWIT	KOOLHYD.	SUIKER	ZOUT	VEZELS
571 kcal	29 g	8 g	32,8 g	43,8 g	7 g	1,6 g	9,4 g

LAM

MALSE LAMSSCHOUDER

VOOR 8 PERSONEN | VOORBEREIDING 10 MINUTEN | 6 UUR IN DE OVEN

500 g gedroogde kikkererwten

2 ingelegde citroenen van 20 g elk

1 kg rijpe tomaten

1 lamsschouder van 2 kg, met bot

2 volle tl ras el hanout

Strooi de gedroogde kikkererwten in een braadslede van 30 x 40 cm. Snijd de ingelegde citroenen in kwarten, verwijder het vruchtvlees, hak de schilletjes fijn en strooi ze met een flinke scheut van het vocht uit het potje bij de kikkererwten. Snijd de tomaten in grove stukjes en strooi ze ook in de slede.

Sprenkel 1 eetlepel olijfolie over de lamsschouder en wrijf het vlees rondom in met de ras el hanout en een snufje zeezout en zwarte peper. Leg het vlees in de slede, giet er 1 liter water bij, dek de slede strak af met aluminiumfolie en zet hem in de koude oven. Zet de temperatuur op 170 °C (gasovenstand 3) en laat het vlees 6 uur zachtjes stoven, of tot de kikkererwten gaar zijn en het vlees van het bot valt – roer na 3 uur een extra scheut water door de kikkererwten en dek de slede weer strak af met folie.

Proef de kikkererwten wanneer ze klaar zijn, breng ze op smaak met zeezout en zwarte peper, sprenkel er een scheutje extra vergine olijfolie over en trek het vlees met twee vorken uit elkaar.

CALORIEËN	VET	VERZ. VET	EIWIT	KOOLHYD.	SUIKER	ZOUT	VEZELS
522 kcal	26,7 g	10,2 g	37,4 g	35,3 g	5,8 g	0,7 g	1,4 g

FLATBREADS MET LAMSKÖFTE

VOOR 2 PERSONEN | BEREIDINGSTIJD MAAR 15 MINUTEN

250 g lamsgehakt

2 tl rozenharissa + een beetje extra voor erbij

250 g rodekool

2 volkorentortilla's of flatbreads met zaadjes

2 el hüttenkäse

Zet een grillpan op hoog vuur en werk de harissa met schone handen door het lamsgehakt. Verdeel het gehakt in 6 porties en knijp er met je vingers ovale köftes van; laat de ribbelstructuur erin zitten zodat de köftes tijdens het bakken zo veel mogelijk krokant oppervlak krijgen. Bak ze 4 tot 5 minuten aan elke kant, of tot ze sissen en goudbruin zijn.

Snijd intussen de rodekool in zo fijn mogelijke sliertjes, strooi er een snufje zeezout en zwarte peper over, besprenkel met 1 eetlepel rodewijnazijn en werk de sliertjes met de hand door elkaar om een vlugge pickle te maken.

Verwarm je tortilla's of flatbreads en strooi de rodekool erover. Schep kloddertjes hüttenkäse op de kool, schep de köftes erop, sprenkel er een paar drupjes harissa over en zet ze op tafel.

CALORIEËN	VET	VERZ. VET	EIWIT	KOOLHYD.	SUIKER	ZOUT	VEZELS
451 kcal	20 g	8,9 g	32,4 g	32,7 g	6,4 g	1,3 g	9 g

HEERLIJKE HOTPOTJES MET LAM

VOOR 4 PERSONEN | VOORBEREIDING 10 MINUTEN | 2 UUR IN DE OVEN

3 rode uien

400 g lamsnekfilet

6 tl muntsaus

4 tl umamipasta

500 g aardappels

Verwarm de oven voor tot 170 °C (gasovenstand 3). Pel de uien, hak ze vrij grof en snijd het lamsvlees in blokjes van 3 cm. Verdeel de uien en het vlees over vier ovenbestendige schaaltjes van 15 cm en zet ze op een grote bakplaat. Doe in elk schaaltje 1 theelepel muntsaus en 1 theelepel umamipasta met 150 ml water, strooi er een snufje zeezout en zwarte peper bij en roer alles goed door elkaar.

Schrob de aardappels en snijd ze op het dikke mes van je keukenmachine in iets minder dan ½ cm dikke plakjes. Verdeel ze in vier porties, leg ze iets overlappend in de schaaltjes en druk ze stevig aan. Dek de schaaltjes af met aluminiumfolie, zet ze 1½ uur in de oven, verwijder de folie en zet ze nog 30 minuten terug. Schep de resterende muntsaus erover en zet ze op tafel.

CALORIEËN	VET	VERZ. VET	EIWIT	KOOLHYD.	SUIKER	ZOUT	VEZELS
383 kcal	18,4 g	8,4 g	22,6 g	33,4 g	10,4 g	1,2 g	4,4 g

GEURIGE LAMSCURRY

VOOR 4 PERSONEN | VOORBEREIDING 10 MINUTEN | 1 UUR IN DE OVEN

400 g lamsschouder, uitgebeend

2 grote uien

2 grote aubergines (800 g in totaal)

2 el rogan josh-currypasta

200 g yoghurt

Verwarm de oven voor tot 180 °C (gasovenstand 4) en zet een grote, ondiepe braadpan op hoog vuur. Snijd het lamsvlees in blokjes van 3 cm en leg ze met het vetlaagje omlaag in de pan. Pel de uien, snijd ze samen met de aubergines in even grote blokjes als het vlees en doe ze erbij. Strooi er een snuf zeezout en zwarte peper over, roer de currypasta en 1 eetlepel rodewijnazijn erdoor en zet de pan 1 uur in de oven, of tot het vlees gaar is. Roer de curry halverwege door en giet er zo nodig een scheutje water bij.

Proef, breng de curry op smaak met zeezout en roer de yoghurt erdoor. Sprenkel er een eetlepel extra vergine olijfolie over, bestrooi met een royale snuf zwarte peper en ga aan tafel.

CALORIEËN	VET	VERZ. VET	EIWIT	KOOLHYD.	SUIKER	ZOUT	VEZELS
375 kcal	24,8 g	10,3 g	23 g	15,9 g	13,5 g	1,1 g	2,6 g

IN ALE GESTOOFDE LAMSSCHENKEL MET GORT

VOOR 4 PERSONEN | VOORBEREIDING 8 MINUTEN | 150 MINUTEN IN DE OVEN

4 lamsschenkels van ongeveer 400 g elk

2 preien

200 g parelgort

1 volle el umamipasta

500 ml van je favoriete ale

Verwarm de oven voor tot 170 °C (gasovenstand 3), zet een grote braadpan op hoog vuur en braad de lamsschenkels aan in 1 eetlepel olijfolie. Was intussen de preien en snijd ze in grove stukjes. Doe de stukjes prei met de gort, umamipasta en een snufje zeezout en zwarte peper in de pan, roer alles goed door elkaar en giet de ale erbij, gevolgd door 1 eetlepel rodewijnazijn en 1,2 liter water.

Stoof de schenkels 2 uur en 30 minuten in de oven, of tot ze supermals zijn, en ga aan tafel. Makkie!

CALORIEËN	VET	VERZ. VET	EIWIT	KOOLHYD.	SUIKER	ZOUT	VEZELS
783 kcal	35,2 g	12,8 g	65,6 g	48,8 g	6,2 g	1,5 g	0,1 g

LENTELAM

VOOR 2 PERSONEN | BEREIDINGSTIJD 24 MINUTEN

400 g nieuwe aardappeltjes

200 g diepvriesdoperwten

200 g lamsrump (stuk van de lende), aan een stuk

4 takjes vers basilicum

1 volle el gele-paprikapesto of groene pesto

Snijd eventuele grotere aardappeltjes doormidden en kook ze 15 minuten in een pan gezouten kokend water, of tot ze gaar zijn. Kook de doperwten de laatste 3 minuten mee.

Wrijf intussen de lamsrump rondom in met 1 theelepel olijfolie en een snuf zeezout en zwarte peper. Leg het vlees op het vetlaagje in een koekenpan met antiaanbaklaag op matig hoog vuur en bak het in totaal 10 minuten, tot het rondom krokant en bruin is maar vanbinnen nog prachtig roze. Als je je vlees liever iets meer doorbakken hebt, mag langer natuurlijk ook. Leg het vlees op een bord en laat het even rusten. Blus op laag vuur af met een scheutje water en een scheutje rodewijnazijn en laat het vocht een beetje inkoken tot je zover bent.

Giet de aardappeltjes en doperwten af en kieper ze bij het ingekookte vocht in de pan. Pluk de basilicumblaadjes, strooi het grootste gedeelte over de aardappeltjes en doperwten, voeg de pesto toe en schep alles door elkaar. Serveer het dungesneden lamsvlees op de groenten en giet het vleessap van het bord erover. Bestrooi met de rest van de basilicumblaadjes en ga aan tafel.

CALORIEËN	VET	VERZ. VET	EIWIT	KOOLHYD.	SUIKER	ZOUT	VEZELS
554 kcal	24,5 g	9,1 g	40,4 g	45,6 g	4,9 g	1,1 g	7,8 g

SAPPIGE LAMSSTOOF

VOOR 6 PERSONEN | VOORBEREIDING 6 MINUTEN | 2 UUR IN DE OVEN

½ bos verse rozemarijn (15 g)

800 g lamsschouder, uitgebeend

150 g gemengde olijven (met pit)

1 pot (280 g) zilveruitjes

2 blikjes (400 g elk) tomaten

Verwarm de oven voor tot 170 °C (gasovenstand 3). Zet een ondiepe braadpan van 30 cm met 1 eetlepel olijfolie op hoog vuur. Ris de rozemarijnnaaldjes van de takjes, strooi ze in de pan en bak ze 1 minuut. Snijd intussen het lamsvlees in blokjes van 3 cm. Schep de rozemarijnnaaldjes op een schoteltje, doe de blokjes vlees in de pan en braad ze 2 minuten aan om ze wat kleur te geven. Plet intussen de olijven en verwijder de pitten.

Laat de zilveruitjes uitlekken en roer ze met de olijven door het vlees. Doe de tomaten erbij, druk ze met een houten lepel stuk en giet twee blikjes water in de pan. Leg een deksel op de pan en zet hem 2 uur in de oven, of tot de saus heerlijk dik en het vlees supermals is. Roer de boel na 1 uur door elkaar en giet er zo nodig een extra scheutje water bij. Proef, breng de stoof op smaak met zeezout en zwarte peper, strooi de krokante rozemarijnnaaldjes erover en ga aan tafel. Makkelijk zat.

CALORIEËN	VET	VERZ. VET	EIWIT	KOOLHYD.	SUIKER	ZOUT	VEZELS
398 kcal	29,6 g	12,2 g	25,6 g	7,6 g	6,8 g	1,6 g	2,2 g

STICKY LAMSKOTELETTEN

VOOR 2 PERSONEN | BEREIDINGSTIJD MAAR 15 MINUTEN

6 enkele lamskoteletten (600 g in totaal)

200 g verschillend gekleurde babywortels

8 tenen knoflook

3 sinaasappels

½ bos verse tijm (15 g)

Kerf de vetrandjes van de koteletten in, wrijf ze in met zeezout en zwarte peper en leg ze netjes, als een rack, op elkaar. Zet ze rechtop, op de vetlaag in een grote, ondiepe braadpan op matig hoog vuur, en laat de vetrandjes 5 minuten uitbakken en krokant worden. Maak de worteltjes schoon (snijd grotere exemplaren doormidden), leg ze in de pan, doe de ongepelde tenen knoflook erbij en schep regelmatig om.

Leg de koteletten voorzichtig op hun zijkant en bak ze 2 minuten aan elke kant, of tot ze goudbruin maar vanbinnen nog mooi roze zijn. Schil intussen met een dunschiller reepjes schil van 1 sinaasappel, strooi ze met de takjes tijm in de pan en hussel de boel 30 seconden om de smaken los te laten komen.

Schep de koteletten op een bord. Pers het sap van 3 sinaasappels in de pan, laat het inkoken tot een kleverige saus, schep vlug de koteletten erin om en verdeel alles over de borden.

CALORIEËN	VET	VERZ. VET	EIWIT	KOOLHYD.	SUIKER	ZOUT	VEZELS
571 kcal	36,2 g	14,7 g	26,5 g	36,7 g	32,1 g	0,8 g	8,5 g

RIJST & NOEDELS

GEBAKKEN RIJST MET EI

VOOR 2 PERSONEN | BEREIDINGSTIJD MAAR 10 MINUTEN

6 lente-uitjes

250 g gekookte bruine basmatirijst

2 volle tl chili-jam (verkrijgbaar bij speciaalzaken of online)

2 grote eieren

150 g stevige zijden tofu

Zet een grote koekenpan met antiaanbaklaag op matig hoog vuur. Maak de lente-uitjes schoon, snijd ze in dunne ringetjes, doe ze met 1 eetlepel olijfolie in de pan en bak ze 1 minuut. Doe de rijst, chili-jam, een scheutje water en een snufje zeezout en zwarte peper erbij en roer alles 2 minuten door elkaar.

Schuif de rijst rondom naar de zijkant van de pan zodat je een soort kuiltje krijgt. Breek de eieren erin en roer ze met een rubberen spatel om ze in grove slierten te laten stollen. Kruimel de tofu erbij en spatel de rijst door het roerei. Proef en voeg naar smaak zeezout en zwarte peper toe. Schep het rijstmengsel in een met olie ingevet kommetje, druk het voorzichtig aan met de spatel en stort de rijst in een bolletje op een bord – hartstikke retro!

CALORIEËN	VET	VERZ. VET	EIWIT	KOOLHYD.	SUIKER	ZOUT	VEZELS
395 kcal	17,1 g	3,6 g	18,2 g	44,8 g	8,1 g	0,7 g	2,1 g

NOEDELS MET ZOETZURE KIP

VOOR 2 PERSONEN | BEREIDINGSTIJD 20 MINUTEN

2 kippendijen van 200 g elk, met vel en bot

150 g mihoen

200 g sugarsnaps

2 el worcestersaus

2 tl chili-jam (verkrijgbaar bij speciaalzaken of online)

Trek de velletjes van de kippendijen, bak de velletjes onder regelmatig omdraaien in een grote koekenpan met antiaanbaklaag op matig vuur, tot ze krokant en goudbruin zijn. Snijd de botjes uit de dijen, leg ze voor extra smaak bij de velletjes in de pan en snijd het vlees in stukjes van 2 cm. Schuif de velletjes en botjes naar de zijkant, doe de blokjes vlees in de pan en bak ze 5 minuten onder regelmatig roeren, of tot ze goudbruin zijn. Schep de krokant geworden velletjes uit de pan, hak ze fijn en gooi de botjes weg.

Kook intussen de mihoen volgens de aanwijzingen op de verpakking in gezouten kokend water. Snijd de sugarsnaps in de lengte doormidden. Giet de noedels wanneer ze zacht zijn af, vang een kopje van het kookwater op, spoel ze af onder de koude kraan en knip ze met een schaar in ongeveer 8 cm lange sliertjes.

Roer de worcestersaus en chili-jam door de kip, laat de jam smelten en voeg dan de sugarsnaps en mihoen toe. Hussel alles 2 minuten op het vuur en giet er om het lekker smeuïg te maken zo nodig een scheutje van het kookwater bij. Proef, voeg naar smaak zeezout en zwarte peper toe, schep de borden vol en strooi de fijngehakte krokante velletjes erover.

CALORIEËN	VET	VERZ. VET	EIWIT	KOOLHYD.	SUIKER	ZOUT	VEZELS
544 kcal	14,7 g	4,1 g	26,2 g	74,8 g	12,2 g	0,7 g	1,7 g

SAFFRAANRIJST UIT DE OVEN

VOOR 4 PERSONEN | BEREIDINGSTIJD 26 MINUTEN

2 rode uien

2 kleine plukjes saffraan

4 volle el yoghurt

4 el zongedroogde-tomatenpasta

300 g witte basmatirijst

Verwarm de oven voor tot 200 °C (gasovenstand 6). Pel de rode uien en snijd ze fijn. Zet een braadslede van 25 x 30 cm met 1 eetlepel olijfolie op hoog vuur en bak de uien 4 minuten onder regelmatig roeren, tot ze zacht en zoet zijn. Doe 1 van de plukjes saffraan met 600 ml kokend water in een kom. Week het andere plukje 10 seconden in 1 eetlepel kokend water in een kommetje, roer de inhoud van het kommetje door de yoghurt en zet opzij.

Roer de tomatenpasta en rijst met een snufje zeezout en zwarte peper door de uien, giet het saffraanwater erbij en breng aan de kook. Zet de slede wanneer het water kookt heel voorzichtig in de oven en laat de rijst zo 15 minuten koken, tot alle vocht geabsorbeerd is, de korrels prachtig luchtig zijn, en er een krokant, goudbruin korstje op zit.

Schep de saffraanyoghurt op de rijst, sprenkel er 1 eetlepel extra vergine olijfolie over, prik de boel met een vork los en ga aan tafel.

CALORIEËN	VET	VERZ. VET	EIWIT	KOOLHYD.	SUIKER	ZOUT	VEZELS
506 kcal	20,1 g	3,6 g	9,7 g	74,9 g	10,5 g	1,2 g	4,1 g

NOEDELS MET ZWARTE TAHIN

VOOR 2 PERSONEN | BEREIDINGSTIJD MAAR 13 MINUTEN

150 g mihoen

2 limoenen

1 bakje tuinkers

50 g zwart sesamzaad

2 el teriyakisaus

Kook de noedels volgens de aanwijzingen op de verpakking in gezouten kokend water, giet ze af en vang een kopje van het kookwater op. Rasp intussen de schil van één limoen fijn, knip de tuinkers en zet ze opzij. Rooster het sesamzaad 1 minuut in een droge koekenpan met antiaanbaklaag op hoog vuur onder regelmatig omscheppen. Houd een kwart van het zaad apart, maal de rest in een vijzel tot een vrij fijn poeder en meng de teriyakisaus en het sap van 1 limoen erdoor. Proef, voeg naar smaak zeezout en zwarte peper toe en je hebt je zwarte tahin!

Hussel de noedels door de zwarte tahin en voeg zo nodig een scheutje van het kookwater toe. Strooi de limoenschil, tuinkers en het apart gehouden sesamzaad erover en geef er partjes limoen bij om erover uit te knijpen.

CALORIEËN	VET	VERZ. VET	EIWIT	KOOLHYD.	SUIKER	ZOUT	VEZELS
453 kcal	14,7 g	2,6 g	8,9 g	68,5 g	6,1 g	1,2 g	2,2 g

GEKRUIDE LINZEN & RIJST

VOOR 2-4 PERSONEN | BEREIDINGSTIJD 25 MINUTEN

75 g gedroogde rode splitlinzen

2 uien

2 volle el balti-currypasta

200 g verschillend gekleurde boerenkool

250 g gekookte bruine basmatirijst

Kook de linzen volgens de aanwijzingen op de verpakking in gezouten kokend water. Pel intussen de uien, snijd ze in dunne ringen, doe ze met ½ eetlepel olijfolie en de currypasta in een grote, ondiepe braadpan op matig vuur en bak ze al roerend 15 minuten, of tot ze zacht en goudbruin zijn. Verwijder de harde steeltjes van de boerenkool, scheur de bladeren in kleine stukken en doe ze bij de linzen. Giet er een scheutje van het linzenkookwater bij, leg een deksel op de pan en laat de boerenkool 2 minuten slinken.

Giet de linzen af, hussel ze door de rijst, leg de deksel terug op de pan en kook het mengsel nog 3 minuten. Roer alles goed door elkaar, voeg naar smaak zeezout en zwarte peper toe en schep de borden vol. Heerlijk!

CALORIEËN	VET	VERZ. VET	EIWIT	KOOLHYD.	SUIKER	ZOUT	VEZELS
502 kcal	14,8 g	1 g	19,9 g	76,9 g	16,3 g	1,5 g	7,9 g

EIERNOEDELS MET SHIITAKE EN SESAM

VOOR 2 PERSONEN | BEREIDINGSTIJD MAAR 13 MINUTEN

400 g shiitakes

150 g eiernoedels

3 tenen knoflook

3 el sesamzaad

3 el ketjap manis

Snijd de paddenstoelen doormidden en rooster ze 8 minuten in een grote, droge koekenpan met antiaanbaklaag op matig hoog vuur, tot ze goudbruin zijn en nootachtig ruiken; schep ze regelmatig om. Kook de noedels volgens de aanwijzingen op de verpakking in gezouten kokend water, giet ze af en vang een kopje van het kookwater op. Pel de tenen knoflook, snijd ze in dunne plakjes, doe ze met 1 eetlepel olijfolie bij de paddenstoelen en bak ze 2 minuten onder regelmatig omscheppen.

Stamp het sesamzaad fijn in een vijzel, kieper het bij de noedels in de pan, voeg de ketjap manis en een flinke scheut van het kookwater toe en roer alles goed door elkaar. Proef, voeg zo nodig een snufje zeezout en zwarte peper toe en schep de borden vol.

CALORIEËN	VET	VERZ. VET	EIWIT	KOOLHYD.	SUIKER	ZOUT	VEZELS
562 kcal	17,3 g	3 g	15,8 g	90,5 g	11 g	1,5 g	0,6 g

ITALIAANSE RIJST UIT DE OVEN

VOOR 4 PERSONEN | VOORBEREIDING 10 MINUTEN | 40 MINUTEN IN DE OVEN

2 uien

60 g venkelsalami

300 g arboriorijst

1 volle el mascarpone

40 g parmezaan

Verwarm de oven voor tot 180 °C (gasovenstand 4) en zet een grote, ondiepe braadpan op hoog vuur. Pel de uien, snijd ze in kwarten, trek de laagjes uit elkaar en roerbak ze 4 minuten in de droge pan. Draai het vuur iets lager, voeg al roerend 1 eetlepel olijfolie, de salami en rijst toe, 1 minuut later gevolgd door 1,2 liter kokend water, en doe de mascarpone erbij. Rasp de parmezaan erover en strooi er een snufje zeezout en zwarte peper bij.

Zet de pan 40 minuten in de oven, of tot de rijst alle vocht geabsorbeerd heeft en net gaar is. Sprenkel er 1 eetlepel extra vergine olijfolie over, schep de borden vol en breng de rijst aan tafel op smaak met zeezout en zwarte peper.

CALORIEËN	VET	VERZ. VET	EIWIT	KOOLHYD.	SUIKER	ZOUT	VEZELS
503 kcal	20,2 g	8 g	13 g	71,7 g	6,3 g	1,2 g	3 g

NOEDELS MET KERRIE, HAM & EI

VOOR 2 PERSONEN | BEREIDINGSTIJD MAAR 10 MINUTEN

150 g eiernoedels

4 lente-uitjes

100 g gebraden ham

2 tl kerriepoeder

2 grote eieren

Kook de noedels volgens de aanwijzingen op de verpakking in gezouten kokend water, giet ze af en vang een kopje van het kookwater op. Maak intussen de lente-uitjes schoon en snijd ze in dunne ringetjes. Snijd de ham in smalle reepjes.

Doe de reepjes ham met 1 eetlepel olijfolie en het kerriepoeder in een koekenpan met antiaanbaklaag op matig hoog vuur en bak ze krokant en goudbruin. Kluts de eieren, giet ze erbij en roer met een rubberen spatel tot het ei begint te stollen. Voeg dan al roerend de noedels en het grootste deel van de lente-ui toe. Hussel alles 2 minuten op het vuur, proef, breng de noedels op smaak met zeezout en zwarte peper en giet zo nodig een scheutje van het kookwater erbij. Verdeel de noedels over de borden, strooi de rest van de lente-ui erover en maak de porties af met 1 theelepel extra vergine olijfolie.

CALORIEËN	VET	VERZ. VET	EIWIT	KOOLHYD.	SUIKER	ZOUT	VEZELS
561 kcal	26,7 g	5,8 g	28,4 g	55,8 g	1,8 g	2,7 g	0,6 g

RIJST MET PAKSOI EN HOISIN

VOOR 2 PERSONEN | BEREIDINGSTIJD MAAR 15 MINUTEN

150 g witte basmatirijst

4 lente-uitjes

2 verse, verschillend gekleurde pepers

2 stronkjes paksoi (250 g)

2 el hoisinsaus

Kook de rijst volgens de aanwijzingen op de verpakking en giet hem af. Maak intussen de lente-uitjes schoon, snijd ze in dunne ringetjes en doe het wit in een kom. Verwijder de zaadjes, hak de pepers fijn, doe ze met 1 eetlepel rodewijnazijn en een snufje zeezout en zwarte peper bij het wit van de lente-ui in de kom en roer de dressing goed door.

Snijd de stronkjes paksoi in de lengte doormidden en rooster ze in 1 eetlepel olijfolie in een grote koekenpan met antiaanbaklaag op matig hoog vuur. Strooi als de paksoi mooi geschroeid is het groen van de lente-ui erbij en roer de hoisinsaus erdoor. Bak de paksoi 1 minuut, roer de rijst erdoor en laat de pan nog 1 minuut op het vuur staan. Schep de chilidressing erover en ga aan tafel.

CALORIEËN	VET	VERZ. VET	EIWIT	KOOLHYD.	SUIKER	ZOUT	VEZELS
378 kcal	7,3 g	1,1 g	8,5 g	73,3 g	9,3 g	1 g	2,9 g

ZOETIGHEID

CHOCOLADEMOUSSE MET KERSEN

VOOR 6 PERSONEN | BEREIDINGSTIJD 30 MINUTEN

200 g pure chocola (70%)

1 blikje (400 g) pitloze kersen in siroop

200 ml *double cream* of slagroom

4 grote eieren

2 el lichte basterdsuiker

Smelt de chocolade in een hittebestendige kom op een pan zachtjes pruttelend water en laat hem 10 minuten afkoelen. Giet de kersen intussen met siroop en al in een koekenpan met antiaanbaklaag op matig vuur, laat de siroop een beetje inkoken en neem de pan van het vuur.

Klop de room tot zachte pieken. Splits de eieren, doe de dooiers met de suiker bij de room en klop ze door elkaar. Doe een snufje zout bij de eiwitten en klop ze met een schone garde superstijf. Spatel de afgekoelde chocolade door de room en spatel het mengsel vervolgens door het geklopte eiwit.

Verdeel de mousse in laagjes over zes glazen of kommetjes, met de kersen en siroop er een beetje willekeurig tussen. Garneer de porties met een paar mooie kersen.

CALORIEËN	VET	VERZ. VET	EIWIT	KOOLHYD.	SUIKER	ZOUT	VEZELS
406 kcal	25,4 g	14,8 g	7,6 g	40 g	39,7 g	0,5 g	0,5 g

BLADERDEEG MET AMANDELVULLING

VOOR 6 PERSONEN | BEREIDINGSTIJD 28 MINUTEN

100 g blanke amandelen

1 el *double cream* of slagroom + een beetje extra voor erbij

75 g poedersuiker + een beetje extra om te bestuiven

2 grote eieren

375 g roomboterbladerdeeg (koud)

Verwarm de oven voor tot 220 °C (gasovenstand 7) en bekleed een grote bakplaat met bakpapier. Maal de amandelen in een keukenmachine fijn, voeg met draaiende motor de room, poedersuiker, één ei en een snufje zeezout toe, en meng alles goed. Schraap de wand van de kom zo nodig met een spatel schoon.

Snijd het blok bladerdeeg doormidden, maak er twee ronde schijven van, stuif er poedersuiker op om plakken te voorkomen en rol de schijven tussen twee vellen bakpapier uit tot een dikte van iets minder dan ½ cm. Leg een ronde lap deeg op de beklede bakplaat, smeer het amandelmengsel erop maar laat rondom een randje van 2 cm vrij. Leg de andere lap deeg op de vulling en druk hem zachtjes aan. Druk de rand rondom dicht met een vork, bestrijk het hele oppervlak met geklutst ei en stuif er een extra laagje poedersuiker op.

Druk met je vinger in het midden van het deeg en maak met een vlijmscherp mesje heel dunne sneetjes vanuit het midden naar de rand. Zet de bakplaat 12 tot 15 minuten in de oven, of tot het deeg mooi opgeblazen en goudbruin is, stuif er nog een beetje poedersuiker over en zet de taart op tafel.

CALORIEËN	VET	VERZ. VET	EIWIT	KOOLHYD.	SUIKER	ZOUT	VEZELS
443 kcal	29,2 g	12,7 g	8,9 g	36,7 g	14,7 g	0,7 g	0,9 g

APPELCRUMBLEKOEKJES

VOOR 24 KOEKJES | BEREIDINGSTIJD 24 MINUTEN

100 g gedroogde appel

200 g zelfrijzend bakmeel

100 g boter (koud)

100 g lichte basterdsuiker

1 groot ei

Verwarm de oven voor tot 200 °C (gasovenstand 6). Bekleed twee bakplaten met bakpapier en vet ze in met olijfolie. Hak de stukjes gedroogde appel fijn in een keukenmachine en voeg het bakmeel, de boter in klontjes, suiker en een snufje zeezout toe. Laat de machine 1 minuut draaien tot je een fijn kruimelig mengsel hebt en houd 3 eetlepels van het mengsel apart. Pulseer het ei door de rest van de kruimels en schraap de wand van de kom zo nodig schoon.

Verdeel het kruimelmengsel in 24 stukjes, draai er balletjes van, druk ze plat tot schijfjes van 4 cm en verdeel ze over de bakplaten. Strooi het apart gehouden kruimelmengsel erover en druk het zachtjes in het deeg. Bak de koekjes 8 tot 10 minuten, of tot ze licht goudbruin zijn. Laat ze even afkoelen op de bakplaat en leg ze dan op een rooster. Yum!

CALORIEËN	VET	VERZ. VET	EIWIT	KOOLHYD.	SUIKER	ZOUT	VEZELS
89 kcal	3,8 g	2,2 g	1,1 g	13,1 g	6,9 g	0,2 g	0,7 g

SINAASAPPEL-POLENTATAART

VOOR 8-10 PERSONEN | BEREIDING 10 MINUTEN | 50 MINUTEN BAKKEN + KOELEN

10 sinaasappels of bloedsinaasappels

250 g vloeibare honing

3 grote eieren

200 g amandelmeel

100 g fijne polenta

Verwarm de oven voor tot 160 °C (gasovenstand 3). Vet een springvorm van 20 cm in met olijfolie, bekleed de bodem met bakpapier en vet ook dat in met olie. Pers het sap van drie sinaasappels (ongeveer 100 ml) in een pan, doe er 100 g honing bij, laat het mengsel tot een dikke siroop inkoken en neem de pan van het vuur.

Klop intussen in een staande mixer 200 ml olijfolie 2 minuten met de rest van de honing door elkaar. Doe vervolgens de eieren erbij en laat de machine 2 minuten draaien. Rasp intussen de schil van 3 sinaasappels fijn en voeg hem toe. Zet de mixer uit en spatel het amandelmeel, de polenta en het sap van één of twee sinaasappels (ongeveer 50 ml) erdoor. Giet het mengsel in de geprepareerde vorm en bak de taart 40 tot 50 minuten, of tot hij goudbruin en gaar is. Laat de taart 10 minuten afkoelen in de vorm en steek hem voor het losmaken rondom los met een paletmes – ga voorzichtig te werk.

Pel de rest van de sinaasappels, snijd ze in plakjes, leg ze om de taart heen en besprenkel de hele boel vlak voor het serveren met de zalige siroop.

CALORIEËN	VET	VERZ. VET	EIWIT	KOOLHYD.	SUIKER	ZOUT	VEZELS
490 kcal	33,4 g	4,4 g	8,4 g	41,2 g	32,8 g	0,1 g	2 g

CHOCOLADE-ROGGEKOEKJES

VOOR 24 KOEKJES | BEREIDINGSTIJD 28 MINUTEN

100 g pure chocolade (70%)

100 g boter

100 g brood van roggemeel

2 grote eieren

50 g lichte basterdsuiker

Verwarm de oven voor tot 200 °C (gasovenstand 6), bekleed twee bakplaten met bakpapier en vet het papier in met olijfolie. Smelt de chocolade in een hittebestendige kom op een pan zachtjes pruttelend water, neem de kom van de pan en roer de boter erdoor tot hij volledig gesmolten is. Scheur het brood in stukjes, doe ze in een keukenmachine en maal ze tot fijne kruimels. Voeg de eieren en suiker toe en maal ze erdoor. Giet terwijl de motor draait het chocolademengsel erbij en meng alles goed.

Schep het koekjesbeslag in een grote plastic boterhamzak, knip er een hoekje af en spuit in totaal 24 kloddertjes van 3-4 cm op de beklede bakplaten. Bak de koekjes 8 tot 10 minuten, of tot ze uitgevloeid en gestold zijn. Strooi er kleine snufjes zeezout op, laat ze een beetje afkoelen en zet ze op tafel.

CALORIEËN	VET	VERZ. VET	EIWIT	KOOLHYD.	SUIKER	ZOUT	VEZELS
76 kcal	5,2 g	3 g	1,2 g	6,8 g	4,9 g	0,2 g	0,2 g

SPEEDY GESTOOMDE CAKEJES

VOOR 6 CAKEJES | BEREIDINGSTIJD 17 MINUTEN

375 g marmelade met stukjes

150 ml *single cream* of slagroom + een beetje extra voor erbij

2 grote eieren

100 g zelfrijzend bakmeel

150 g amandelmeel

Vet zes theekopjes in met een beetje olijfolie. Klop in een grote kom 100 ml olijfolie en 2 eetlepels marmelade met de room en eieren door elkaar. Voeg het bakmeel, amandelmeel en een snufje zeezout toe en meng alles goed. Laat de rest van de marmelade met een scheutje water in een kleine pan op matig hoog vuur tot een dikke siroop inkoken en neem de pan van het vuur.

Verdeel het mengsel over de theekopjes en zet er steeds twee in de magnetron, telkens 2½ tot 3 minuten, of tot ze mooi opgeblazen zijn. Stort de cakejes, sprenkel er een beetje van de marmeladesiroop over en maak ze desgewenst af met een lepeltje room.

CALORIEËN	VET	VERZ. VET	EIWIT	KOOLHYD.	SUIKER	ZOUT	VEZELS
596 kcal	37,6 g	7,1 g	10 g	58,3 g	45,3 g	0,3 g	0,9 g

VLAMMENDE BOERENJONGENS

VOOR 4 PERSONEN | BEREIDINGSTIJD MAAR 10 MINUTEN

4 grote bollen vanilleroomijs

60 g gele rozijnen

60 g bruine rozijnen

6 gemberkoekjes

100 ml dark spiced rum

Haal het ijs uit de vriezer. Zet de gele en bruine rozijnen met een scheutje water in een pan op matig vuur en laat ze een paar minuten wellen terwijl het water verdampt. Stamp intussen de koekjes in een vijzel tot fijne kruimels, verdeel ze over vier kommen en schep er een mooie ronde bol ijs op.

Giet wanneer het water verdampt is de rum over de rozijnen en steek ze, als je wilt, voorzichtig met een lucifer aan (zet de afzuigkap uit en houd afstand!). Schep het mengsel wanneer de vlammen uitdoven op de bollen ijs. Hemels.

CALORIEËN	VET	VERZ. VET	EIWIT	KOOLHYD.	SUIKER	ZOUT	VEZELS
289 kcal	6,6 g	3,7 g	3 g	43,1 g	36,5 g	0,3 g	0,4 g

SINAASAPPELZANDGEBAK MET CHOCOLADE

VOOR 12 REEPJES | BEREIDINGSTIJD 30 MINUTEN

150 g boter (op kamertemperatuur)

200 g bloem

50 g lichte basterdsuiker + een beetje extra om te bestrooien

1 sinaasappel

50 g pure chocolade (70%)

Verwarm de oven voor tot 190 °C (gasovenstand 5). Vet een vierkant bakblik van 20 cm in met olie en bekleed het met bakpapier. Meng de boter in een kom met de bloem, suiker en fijngeraspte schil van een halve sinaasappel door ze met duim en wijsvinger door elkaar te wrijven. Knijp en wrijf er een luchtig deeg van – niet kneden! – en druk het in een laagje van 1 cm in het bakblik. Prik met een vork gaatjes in het hele oppervlak en zet het blik 20 minuten in de oven, of tot het zandgebak licht goudbruin is. Haal het blik uit de oven, strooi een schepje suiker over het nog warme gebak en laat afkoelen.

Smelt intussen de chocolade in een hittebestendige kom op een pan zachtjes pruttelend water en zet de kom opzij. Snijd het zandgebak in 12 gelijke reepjes en leg ze op een rooster om volledig af te koelen. Besprenkel met de gesmolten chocolade en rasp de rest van de sinaasappelschil erover. Snijd de sinaasappel in dunne partjes en serveer ze erbij.

CALORIEËN	VET	VERZ. VET	EIWIT	KOOLHYD.	SUIKER	ZOUT	VEZELS
188 kcal	11,6 g	7,3 g	1,9 g	20 g	7,3 g	0 g	0,6 g

ALASKA MET PERZIK & AMANDEL

VOOR 4 PERSONEN | BEREIDINGSTIJD 26 MINUTEN

80 g geschaafde amandelen

410 g halve perziken in siroop uit blik

4 grote bollen vanilleroomijs

2 grote eieren

100 g lichte basterdsuiker

Verwarm de grill voor op de hoogste stand en rooster de amandelen tijdens het voorwarmen op een bakplaat. Houd ze goed in de gaten en haal ze onder de grill vandaan zodra ze licht goudbruin worden. Snijd de perziken in plakjes en verdeel ze met sap en al over vier ovenschaaltjes. Schep een mooie bol ijs in elk schaaltje en zet ze in de vriezer.

Splits de eieren, doe de eiwitten met een snufje zeezout in de kom van een staande mixer (bewaar de dooiers voor een ander recept) en klop ze tot stijve pieken (het kan ook met een elektrische handmixer). Voeg terwijl de motor draait de suiker toe en meng goed. Schep het stijve eiwit in een spuitzak (ik gebruik het liefst een met stervormig spuitmondje) of een grote boterhamzak waar je een hoekje afknipt.

Haal de schaaltjes met ijs en perzik uit de vriezer en strooi de geroosterde amandelen erover. Spuit de meringue zo netjes of willekeurig als je wilt op het ijs. Zet de schaaltjes vervolgens 2 minuten, of tot ze goudbruin zijn, onder de hete grill. Om optimaal controle te houden werk ik altijd met maximaal twee schaaltjes tegelijk. Haal ze voorzichtig onder de grill vandaan en zet ze meteen op tafel.

CALORIEËN	VET	VERZ. VET	EIWIT	KOOLHYD.	SUIKER	ZOUT	VEZELS
386 kcal	18,4 g	4,3 g	10 g	48,6 g	48 g	0,7 g	0,1 g

TARTE TATIN VAN PRUIMEN

VOOR 6 PERSONEN | BEREIDINGSTIJD 24 MINUTEN

600 g rijpe, verschillend gekleurde pruimen

1 tl kaneel

120 ml ahornsiroop

320 g roomboterbladerdeeg

6 grote bollen vanilleroomijs

Verwarm de oven voor tot 220 °C (gasovenstand 7) en zet een ovenbestendige koekenpan met antiaanbaklaag (26 cm doorsnede) op matig vuur. Snijd de pruimen doormidden, verwijder de pitten, leg de vruchten met 30 ml water in de pan en kook ze 1 minuut. Strooi uit de hoogte de helft van de kaneel erop en sprenkel de ahornsiroop erover. Leg het vel bladerdeeg over de pruimen heen, druk het deeg rondom met een houten lepel in de rand en snijd de overhangende randjes af om zo nodig kleine gaatje mee op te vullen.

Bak de taart 16 minuten onder in de oven, of tot hij goudbruin en opgeblazen is. Trek een paar ovenhandschoenen aan en stort de taart heel voorzichtig in een vloeiende beweging op een groot bord. Schep mooie ronde bollen ijs op de taart, strooi uit de hoogte de rest van de kaneel erover en besprenkel hem vlak voor het serveren met een klein beetje extra vergine olijfolie.

CALORIEËN	VET	VERZ. VET	EIWIT	KOOLHYD.	SUIKER	ZOUT	VEZELS
392 kcal	18,7 g	11,8 g	4,8 g	52,3 g	32,8 g	0,3 g	1,2 g

ANANASCARPACCIO

VOOR 4 PERSONEN | BEREIDINGSTIJD MAAR 10 MINUTEN

1 bos verse munt (30 g)

1 rijpe ananas

100 g blauwe bessen

4 el Griekse kokosyoghurt

1 limoen

Pluk de muntblaadjes. Houd een paar mooie kleine blaadjes apart en doe de rest in een vijzel. Wrijf de blaadjes tot een pasta en werk er 1 of 2 eetlepels extra vergine olijfolie door om er een muntolie van te maken. Snijd de kroon en de onderkant van de ananas, zet hem rechtop en verwijder de stekelige schil. Snijd de vrucht in de lengte in kwarten, verwijder de harde kern en snijd het vruchtvlees in de lengte in flinterdunne plakjes. Leg de plakjes op een grote schaal of verdeel ze over individuele borden. Neem de tijd om alle blauwe bessen doormidden te snijden en strooi ze over de plakjes ananas.

Marmer de yoghurt met een scheutje van de muntolie (bewaar de rest voor een ander recept) en schep kloddertjes op het fruit. Rasp uit de hoogte de limoenschil erover en besprenkel met het sap. Snijd de apart gehouden muntblaadjes in dunne reepjes, strooi ze over het fruit en besprenkel met een paar drupjes extra vergine olijfolie (ja, je leest het goed – dat is echt heerlijk).

CALORIEËN	VET	VERZ. VET	EIWIT	KOOLHYD.	SUIKER	ZOUT	VEZELS
122 kcal	5,6 g	2,5 g	1,3 g	17,5 g	15,4 g	0 g	0,4 g

FROZEN BANOFFEECHEESECAKE

VOOR 10 PERSONEN | BEREIDINGSTIJD 18 MINUTEN | 1 NACHT INVRIEZEN

150 g pure chocolade (70%)

300 g haverkoekjes

8 overrijpe bananen

500 g roomkaas light

½ pot van 450 g dulce de leche

Vet de bodem van een ronde springvorm van 20 cm in met olijfolie, bekleed hem met bakpapier en vet dat ook in. Smelt 50 g chocola in een hittebestendige kom op een pan zachtjes pruttelend water en zet de kom opzij. Breek de haverkoekjes in een keukenmachine en hak ze met 2 eetlepels extra vergine olijfolie tot fijne kruimels. Sprenkel de gesmolten chocolade erbij en pulseer nog een paar keer. Druk het mengsel in een 1 cm dikke laag in de beklede springvorm.

Pel de bananen, breek ze in stukjes, pureer ze met de roomkaas en dulce de leche in de keukenmachine en giet het mengsel op de kruimelbodem. Zet de taart een nacht, of tot je zover bent, in de vriezer en zet hem voor het serveren 2 uur, of tot hij de gewenste snijdbaarheid heeft, in de koelkast.

Steek de taart rondom los met een paletmes, verwijder de rand van de springvorm, schaaf of rasp de rest van de chocolade erover en zet hem op tafel. Zalig!

CALORIEËN	VET	VERZ. VET	EIWIT	KOOLHYD.	SUIKER	ZOUT	VEZELS
482 kcal	22 g	8,1 g	9,6 g	63,5 g	48,7 g	0,8 g	3,1 g

WATERMELOENGRANITA

VOOR 8 PERSONEN | VOORBEREIDINGSTIJD 14 MINUTEN | 8 UUR INVRIEZEN

1 kleine watermeloen (1,8 kg)

60 g stemgember in siroop

2 limoenen

½ bos verse munt (15 g)

8 el yoghurt

Schil de watermeloen, snijd het vruchtvlees in grove stukken en verwijder zo veel mogelijk pitjes. Snijd de stemgember in grove stukjes en doe ze met de watermeloen in een grote, afsluitbare diepvrieszak. Rasp de limoenschil en pers de limoenen. Doe de limoenrasp en het -sap in de zak en leg deze minstens 8 uur in de vriezer, tot het mengsel stijf bevroren is.

Pluk de muntblaadjes, houd een paar kleine apart en doe de rest in een keukenmachine. Kieper het bevroren watermeloenmengsel erbij en hak er een soort roze sneeuw van (eventueel in porties). Serveer 2 eetlepels granita per persoon, met 1 eetlepel yoghurt, een scheutje gembersiroop uit het potje en een paar kleine muntblaadjes. Het is extra lekker als je de bordjes, kommetjes of glazen voor gebruik even in de vriezer zet.

CALORIEËN	VET	VERZ. VET	EIWIT	KOOLHYD.	SUIKER	ZOUT	VEZELS
109 kcal	1,6 g	0,8 g	2,2 g	22,7 g	22,4 g	0,1 g	0 g

BOOZY PEREN & CHOCOLADE

VOOR 4 PERSONEN | BEREIDINGSTIJD MAAR 15 MINUTEN

40 g blanke hazelnoten

410 g halve peren in siroop uit blik

50 ml armagnac

50 g pure chocolade (70%)

4 grote bollen vanilleroomijs

Rooster de hazelnoten 2 minuten in een grote koekenpan met antiaanbaklaag op hoog vuur onder regelmatig roeren, tot ze licht goudbruin zijn. Doe ze in een vijzel en zet de pan terug op het vuur. Giet de peren met siroop en al in de pan, laat ze goed heet worden en giet de armagnac erbij. Doe een stapje terug, houd er een lucifer bij, laat de vlammen uitdoven en kook de siroop op laag vuur in tot hij heerlijk stroperig is. Stamp intussen de geroosterde hazelnoten fijn en strooi ze op een hoopje op vier borden.

Schep de peren met de bolle kant naar beneden op de borden. Neem de siroop van het vuur en voeg het grootste deel van de chocolade in blokjes toe. Schep terwijl de chocolade langzaam smelt een bol ijs op elk hoopje hazelnoot en schaafde rest van de chocolade erover. Roer de chocoladesaus goed door, giet hem in de peren en ga aan tafel.

CALORIEËN	VET	VERZ. VET	EIWIT	KOOLHYD.	SUIKER	ZOUT	VEZELS
275 kcal	14 g	5,2 g	3,9 g	28,3 g	27,9 g	0,1 g	0,8 g

RIJSTEPAP MET MANGO

VOOR 4 PERSONEN | BEREIDINGSTIJD 28 MINUTEN

150 g paprijst

4 stuks steranijs

350 g bevroren stukjes mango

4 el vloeibare honing

4 el Griekse kokosyoghurt

Doe de rijst met de steranijs, mango, 3 eetlepels honing en een snufje zeezout in een pan. Giet er 700 ml water bij en laat het mengsel onder af en toe roeren 25 minuten zachtjes pruttelen op matig vuur, of tot het dik en romig is.

Roer de yoghurt erdoor om de pap extra romig te maken en schep je kommen vol. Sprenkel de laatste eetlepel honing erover en zet de pap op tafel. Supersimpel!

CALORIEËN	VET	VERZ. VET	EIWIT	KOOLHYD.	SUIKER	ZOUT	VEZELS
276 kcal	3 g	2,2 g	3,5 g	63,2 g	29,4 g	0,2 g	0,6 g

FRAMBOZEN MET HONING EN FILODEEG

VOOR 4 PERSONEN | BEREIDINGSTIJD MAAR 14 MINUTEN

3 vellen filodeeg

6 volle tl vloeibare honing

40 g gepelde pistachenootjes

200 g frambozen

400 g Griekse kokosyoghurt

Verwarm de oven voor tot 180 °C (gasovenstand 4). Leg 1 vel filodeeg op een met olie ingevette bakplaat, sprenkel er uit de hoogte 1 theelepel honing op en herhaal dit met een tweede vel deeg. Leg het derde vel erop en besprenkel dat met een klein beetje olijfolie. Strooi de pistachenootjes erover en zet de bakplaat 10 minuten in de hete oven, of tot alles mooi goudbruin is. Prak intussen de helft van de frambozen met een vork, roer ze vluchtig door de yoghurt en verdeel het mengsel over de bordjes.

Strooi de pistachenootjes op een plank en stamp ze een beetje fijn. Breek het filodeeg in grove stukjes en strooi ze over de yoghurt. Strooi de pistachenootjes en de rest van de frambozen erbij en sprenkel uit de hoogte de rest van de honing erover.

CALORIEËN	VET	VERZ. VET	EIWIT	KOOLHYD.	SUIKER	ZOUT	VEZELS
359 kcal	18 g	11,2 g	6,6 g	45 g	18,4 g	0,4 g	2 g

BUDDY'S FLAPJACK-KOEKJES

VOOR 16 KOEKJES | BEREIDINGSTIJD 29 MINUTEN

100 g boter (op kamertemperatuur)

100 g gemengde vruchten en noten

100 g havermout

100 g zelfrijzend bakmeel

100 g golden syrup

Verwarm de oven voor tot 180 °C (gasovenstand 4). Bekleed een diep, vierkant bakblik van 20 cm met bakpapier en vet het papier in met olie. Pulseer de boter, gedroogde vruchten en noten, havermout en het bakmeel in een keukenmachine tot het mengsel loskomt van de kom. Pulseer vervolgens de golden syrup erdoor tot alles goed gemengd is.

Schep het mengsel in het beklede blik en strijk het uit. Bak de koek 15 tot 20 minuten, of tot hij goudbruin is. Haal hem uit de oven, snijd hem in 16 vierkantjes en laat die 5 minuten afkoelen in het bakblik. Leg de koek met papier en al op een rooster en laat hem volledig afkoelen. Eenvoudig, gemakkelijk en superlekker – zegt het voort!

CALORIEËN	VET	VERZ. VET	EIWIT	KOOLHYD.	SUIKER	ZOUT	VEZELS
140 kcal	7,9 g	3,8 g	2,1 g	16,1 g	6,9 g	0,1 g	1 g

AFFOGATO MET WALNOTEN

VOOR 4 PERSONEN | BEREIDINGSTIJD MAAR 9 MINUTEN

50 g pure chocolade (70%)

20 g boter

50 g ongezouten halve walnoten

4 grote bollen vanilleroomijs

4 grote shots espresso

Smelt de chocolade en boter met een snufje zeezout in een hittebestendige kom op een pan zachtjes pruttelend water, en zet de kom opzij. Houd vier mooie halve walnoten apart en hak of verkruimel de rest.

Schep het ijs in vier mooie ronde bollen en doe ze in theekopjes. Strooi de verkruimelde walnoten erover, giet een shot hete espresso in elk kopje, steek een halve walnoot in de bollen ijs en besprenkel met de gesmolten chocolade.

CALORIEËN	VET	VERZ. VET	EIWIT	KOOLHYD.	SUIKER	ZOUT	VEZELS
272 kcal	20,3 g	8,2 g	4,2 g	19,5 g	19,3 g	0,6 g	4,2 g

ST. CLEMENTS POLENTAKOEKJES

VOOR 24 KOEKJES | BEREIDINGSTIJD 28 MINUTEN

100 g boter (koud)

50 g fijne polenta

150 g zelfrijzend bakmeel

100 g lichte basterdsuiker + een beetje extra om te bestrooien

2 citroenen (of sinaasappels)

Verwarm de oven voor tot 180 °C (gasovenstand 4). Bekleed twee bakplaten met bakpapier en vet het papier in met olie. Snijd de boter in blokjes en doe ze met de polenta, het bakmeel en de suiker in een keukenmachine. Rasp de schil van één citroen (of sinaasappel) erbij en pulseer alles goed door elkaar. Pers het sap van ½ citroen (of sinaasappel), voeg het toe en pulseer het deeg nog een paar keer tot het een bal vormt.

Verdeel het deeg in 24 stukjes, draai er balletjes van en leg ze met 5 cm tussenruimte op de bakplaten. Druk met je duim 1 cm diepe kuiltjes in het midden van de balletjes. Rasp de schil van de overige citroen (of sinaasappel) en strooi de rasp in de kuiltjes, gevolgd door een piepklein schepje van de lichte basterdsuiker. Bak de koekjes 10 minuten, of tot ze licht goudbruin zijn. Laat ze op een rooster afkoelen en tast toe.

CALORIEËN	VET	VERZ. VET	EIWIT	KOOLHYD.	SUIKER	ZOUT	VEZELS
70 kcal	3,6 g	2,2 g	0,7 g	9,4 g	4,4 g	0,1 g	0,2 g

MERINGUE-RIPPLE MET BOSVRUCHTJES

VOOR 2 PERSONEN | BEREIDINGSTIJD MAAR 8 MINUTEN

2 grote bollen vanilleroomijs

200 g blauwe bessen

2 kant-en-klare meringues

100 g frambozen

pure chocolade (70%)

Haal je ijs uit de vriezer. Kook de blauwe bessen 2 minuten met een scheutje water in een koekenpan met antiaanbaklaag op hoog vuur, of tot ze openbarsten en jamachtig worden. Neem de pan van het vuur.

Verkruimel de meringues en verdeel ze in willekeurige volgorde met de doormidden gesneden frambozen en bollen ijs over de glazen of kommetjes. Schep de jamachtige blauwe bessen met sap en al erover. Schaaf of rasp er een beetje chocolade over, ga aan tafel en laat deze geniale smaakcombi op je inwerken.

CALORIEËN	VET	VERZ. VET	EIWIT	KOOLHYD.	SUIKER	ZOUT	VEZELS
250 kcal	7,2 g	4,3 g	4,7 g	44,1 g	44 g	0,1 g	1,6 g

BOODSCHAP VAN JAMIE'S VOEDINGSTEAM

De taak van ons team is ervoor zorgen dat Jamie lekker creatief met recepten bezig kan zijn, maar ook dat die aan de door ons gestelde richtlijnen voldoen. Met uitzondering van het hoofdstuk met zoetigheden past 70 procent van de recepten in dit boek binnen de gezonde richtlijnen. Maar het zijn niet allemaal complete maaltijden, dus is het aan jou om ze zo te combineren dat er een uitgebalanceerd maal ontstaat. Om je in staat te stellen weloverwogen keuzes te maken hebben we onder elk recept een tabel met voedingswaarden gezet, zodat je in een oogopslag kunt zien wat je binnenkrijgt. En vergeet niet dat een uitgebalanceerd dieet en voldoende lichaamsbeweging de sleutels zijn tot een gezondere levensstijl. Kijk voor meer informatie over onze richtlijnen en hoe we recepten analyseren op: **jamieoliver.com/nutrition**.

Laura Matthews – hoofd Nutrition, RNutr (food)

HET UITGEBALANCEERDE BORD

Balans is de ultieme sleutel. Als je je borden perfect uitbalanceert en de porties onder controle houdt – zoals ik bij alle recepten in dit boek heb gedaan – ben je al flink op weg naar een goede gezondheid. Je hoeft heus niet elke dag exact goed te zitten, als je gemiddelde per week maar klopt. Wat vlees en vis betreft: ga voor hoofdgerechten uit van minstens twee porties vis per week, waarvan één vet (zoals zalm, forel of makreel). De rest van de week verdeel je dan tussen groentegerechten zonder vlees, wat gevogelte en een klein stukje rood vlees. Een volledig vegetarisch dieet kan natuurlijk ook.

HOE JE EEN UITGEBALANCEERD BORD SAMENSTELT

De gemakkelijkste manier is aan de hand van de richtlijnen van de overheid. Hieronder staan de aanbevolen dagelijkse hoeveelheden en de verhoudingen op je bord.

DE VIJF VOEDSELGROEPEN	VERHOUDING OP JE BORD
Groente en fruit	Iets meer dan een derde (40%)
Zetmeelrijke koolhydraten (brood, rijst, aardappels, pasta)	Iets meer dan een derde (38%)
Eiwitten (vlees, vis, eieren, bonen, andere niet-zuivelproducten)	Ongeveer een achtste (12%)
Zuivelproducten en -alternatieven	Ongeveer een achtste (8%)
Onverzadigde vetten (zoals olie)	Kleine hoeveelheden (1%)
EN VERGEET OOK NIET VOLDOENDE WATER TE DRINKEN	

GROENTE & FRUIT

Deze schatkamer van voedingsstoffen hoort het middelpunt van ieders dieet te zijn. Geniale groenten en vruchten zijn er in alle vormen, maten, kleuren, smaken en texturen. Eet de hele regenboog en varieer zo veel mogelijk aan de hand van de seizoenen, zodat je ingrediënten altijd van optimale kwaliteit en supergezond zijn. Streef naar minstens vijf porties van 80 g groente en fruit per dag (vers, diepvries of uit blik), maar meer is natuurlijk altijd goed. 30 g gedroogd fruit, 80 g bonen of peulvruchten en 150 ml ongezoet groente- of vruchtensap tellen ook als één portie.

ZETMEELRIJKE KOOLHYDRATEN

Koolhydraten geven ons een blij, verzadigd en energiek gevoel. Daarbij leveren ze een groot deel van de energie die we nodig hebben om te bewegen en onze organen aan de gang te houden. Kies als het even kan voor vezelrijke volkorenproducten, die langzamer verteerd worden en een tragere energieafgifte hebben, waardoor je langer een voldaan gevoel houdt. Een gemiddelde volwassene heeft ongeveer 260 g koolhydraten per dag nodig, waarvan maximaal 90 g in de vorm van zogeheten totaalsuikers. Vezels vallen ook onder de koolhydraten; daarvan moeten we ongeveer 30 g per dag binnenkrijgen.

EIWITTEN

Eiwitten zijn een integraal onderdeel van ons dieet, maar je moet er wel mee oppassen. Je moet ze zien als bouwstenen van ons lichaam – ze zijn belangrijk voor groei en herstel. De optimale dagelijkse hoeveelheid voor een vrouw van 19-50 jaar is 45 g. Voor mannen in dezelfde leeftijdsgroep is het 55 g.

ZUIVEL EN ALTERNATIEVEN

Dit relatief kleine onderdeel van het uitgebalanceerde bord bevat, mits in de juiste hoeveelheden gegeten, een grote verscheidenheid aan voedingsstoffen. Melk, yoghurt of kleine beetjes kaas vallen in deze categorie, waarbij de minder vette versies van melk en yoghurt (en zonder toegevoegde suiker) niet onderdoen voor het volvette spul.

ONVERZADIGDE VETTEN

We kunnen niet zonder goede vetten, maar dan wel in kleine hoeveelheden. Kies liefst voor onverzadigde vetten, zoals olijfolie en andere vloeibare, plantaardige vetten, noten, avocado en omega-3-rijke vette vis. Een gemiddelde vrouw heeft maximaal 70 g vet per dag nodig, waarvan niet meer dan 20 g verzadigd vet; voor een gemiddelde man is dit op 90 g, waarvan maximaal 30 g verzadigd.

DRINK VOLDOENDE WATER

Dit is een makkelijke – om optimaal te presteren moet je voldoende vocht tot je nemen. Zonder water immers geen leven! Voor meisjes en vrouwen van 14 jaar en ouder geldt een minimum van 2,5 liter per dag; mannen in dezelfde leeftijdsgroep hebben aan 2 liter genoeg.

OVER ENERGIE & VOEDING

In het algemeen kunnen we stellen dat een gemiddelde vrouw dagelijks 2000 calorieën nodig heeft en een gemiddelde man 2500. Maar dit zijn globale richtlijnen; wat we precies moeten eten is afhankelijk van diverse factoren, zoals leeftijd, lichaamsbouw, levensstijl en hoeveelheid lichaamsbeweging. Het goede nieuws is dat je alles kunt eten en drinken zolang het maar met mate is en deel uitmaakt van een uitgebalanceerd dieet. Je hoeft dus niks op te geven wat je echt lekker vindt, tenzij natuurlijk op uitdrukkelijk advies van een arts of diëtist.

BEDANKT!

Ik ben echt supertrots op dit boek, en dan met name op de manier waarop mijn geweldige teams en de fantastische mensen met wie we samenwerken zich ingezet hebben om het 5-ingrediëntenconcept zo snel tot stand te brengen. Hiernaast zie je een aantal van deze talenten, en deze blije gezichten zijn nog maar het topje van de ijsberg. Hier komen ze…

Waanzinnig veel dank aan mijn ongelooflijk getalenteerde voedingsteam. Moederkloek Ginny Rolfe, Abi 'Scottish' Fawcett, Christina 'Boochie' Mackenzie, Maddie Rix, Elspeth Allison, Jodene Jordan, Rachel Young, Jonny Lake, Simon Parkinson, Bella Williams en Becca Sulocki. De unieke Mr Pete Begg, Bobby Sebire, Sarah 'Tiddles' Tildesley, mijn Griekse zuster Georgina Hayden, Joanne Lewis, Athina Andrelos, Bianca Koffman, Barnaby Purdy, Ella Miller, Helen Martin en Daniel Nowland, en aan mijn geweldige voedingsdeskundigen Laura Matthews en Rozzie Batchelar. Dank ook aan de geniale meiden van de tekst, mijn redactrice Rebecca 'Rubs' Verity, Beth Stroud, Frances Stewart en de rest van het redactieteam; de hardwerkende *gang* op kantoor, en dan met name Paul Hunt, Louise Holland, Claire Postans, Zoe Collins, Sy Brighton en Ali Solway. Tamsyn Zietsman, Laura Jones, Ben Lifton en de rest van het pr- en marketingteam; en alle andere ondersteunende teams – personal, operations, rechten, finance, IT en natuurlijk mijn trouwe testteam op kantoor – petje af!

Voor de vele foto's in dit meesterwerk ben ik enorme dank verschuldigd aan mijn dierbare vriend David Loftus en zijn sidekick voor belichting en digitale bewerking, Richard Clatworthy. Dank je wel, Dave, dat je buiten je comfortzone hebt willen treden en met studiobelichting wilde werken – ik ben echt enorm blij met wat we samen bereikt hebben. En een speciaal woord van dank voor mijn gabber Paul Stuart voor de briljante omslag en de portretten.

Voor het design – dat ik zou willen omschrijven als *clean, clear, bold and beautiful* – dank ik James Verity van creatief bureau Superfantastic; ook voor je hulp bij de fotoshoots (en voor het op mijn verzoek draaien van toffe oldskool indietunes).

En dan het immer behulpzame team van Penguin Random House, onder leiding van don Tom Weldon en de charmante Louise Moore. Speciale dank aan John Hamilton, Juliette Butler, Nick Lowndes, Elizabeth Smith, Merle Bennett, Clare Parker, Chantal Noel en Chris Turner, en de fantastische mensen van hun respectievelijke teams, Katherine Tibbals, Stuart Anderson, Jenny Platt, Anjali Nathani, Catherine Wood, Lucy Beresford-Knox, Celia Long, Martin Higgins, Katie Corcoran, Olivia Whitehead, Ben Hughes, Amy Wilkerson, Duncan Bruce, Samantha Fanaken en Jessica Sacco. En niet te vergeten: mijn dierbare Annie Lee, Caroline Pretty en Caroline Wilding.

Dan de tv, en wat ben ik weer enthousiast over deze serie, mensen: enorm veel dank aan het team van kantoor en de hele crew die aan de show heeft meegewerkt. Ik heb grote waardering voor Katy Fryer, Sean Moxhay, Katie Millard, Ed St Giles, Niall Downing, Sam Beddoes, Gurvinder Singh, Leona Ekembe, Kirsten Hemingway, James Williams, Akaash Darji, James Bedwell, Kay Bennett, Mike Sarah, Joe Sarah, Dave Miller, Cliff Evans, Dave Minchin, Jim McLean, Jonnie Vacher, Calum Thomson, Luke Cardiff en Pete Bateson. Verder dank ik de mensen die tijdens het filmen voor de catering gezorgd hebben: Krzysztof Adamek, Fred Augusts, Rogerio Nobrega en Ryan France. En zoals gewoonlijk Lima O'Donnell, Julia Bell en Abbie Tyler.

Jay Hunt, Sarah Lazenby en Kelly Webb-Lamb van Channel 4: bedankt voor jullie vertrouwen in en het steunen van mijn visie. Respect ook voor het Fremantle-team.

En natuurlijk, last but in geen geval least, dank aan mijn beeldschone vrouw Jools, mijn kids – Poppy, Daisy, Petal, Buddy en River –, ma, pa, Anna, Mrs N en Gennaro. Ik houd van jullie. X

REGISTER

Recepten met een V zijn geschikt voor vegetariërs

A

B

C

D

E

P

T

Z

Kijk voor een handig overzicht van alle zuivelvrije, glutenvrije en veganistische recepten in dit boek op:

jamieoliver.com/5-ingredients/reference

BOEKEN VAN JAMIE OLIVER

The Naked Chef *1999*

The Naked Chef is terug *2000*

Happy Days met de Naked Chef *2001*

De basis van het koken *2002*

Jamie's Dinners *2004*

Jamie's Italië *2005*

Kook met Jamie *2006*

Thuis bij Jamie *2007*

Jamie's kookrevolutie *2008*

Jamie's Amerika *2009*

Jamie's reizen *2010*

Jamie in 30 minuten *2010*

Te gast bij Jamie *2011*

Jamie in 15 minuten *2012*

Bespaar met Jamie *2013*

Jamie's comfort food *2014*

Jamie's super food voor elke dag *2015*

Super food voor familie en vrienden *2016*

Jamie Oliver's kerstkookboek *2016*

5 ingrediënten – snel & simpel koken *2017*

KOSMOS

www.kosmosuitgevers.nl
www.jamieoliver.com

OPMERKINGEN BIJ DE RECEPTEN

- De in dit boek gebruikte eetlepels hebben een inhoud van 15 ml, de theelepels van 5 ml. De inhoud van Nederlandse lepels varieert; gebruik daarom bij voorkeur genormaliseerde maatlepels met een inhoud van 15, 10, 5, 2½ en 1¼ ml, die als set bij kookwinkels verkrijgbaar zijn. De in de receptuur gebruikte lepels zijn altijd afgestreken, tenzij anders is aangegeven.

- Ovens verschillen onderling in temperatuur, zelfs die van eenzelfde merk. Lees de aangegeven temperaturen en baktijden als een betrouwbare aanwijzing, maar pas ze zo nodig altijd aan je eigen oven aan.

- In sommige recepten wordt *single* of *double cream* gebruikt. Je kunt hiervoor slagroom als alternatief gebruiken. De bij deze recepten genoemde voedingswaarden zullen in dat geval afwijken.

Eerste druk, 2017

Oorspronkelijke titel: *5 Ingredients – Quick & Easy Food*
Oorspronkelijke uitgever: Michael Joseph, onderdeel van de Penguin Random House group

Vormgeving: Superfantastic

Vertaling: Jaromir Schneider
Culinaire redactie: Lars Hamer
Redactie: Kirsten Verhagen
Vormgeving omslag en binnenwerk: Studio Michelangela, Utrecht
Gedrukt in Italië door Graphicom

ISBN 978 90 215 6666 5
NUR 440

TREK IN MEER?

Kijk voor handige voedingsadviezen, filmpjes, hints, tips en tricks over allerlei verschillende onderwerpen, enorm veel fantastische recepten en meer op

JAMIEOLIVER.COM